वस्तुनिष्ठ
सामान्य ज्ञान
भूगोल

सिविल सर्विस (केन्द्र एवं राज्य), स्टॉफ सलेक्शन कमीशन (SSC), इन्स्टीच्यूट ऑफ बैंकिंग
पर्सनल सेलेक्शन (IBPS), मैनेजमेंट एप्टीच्यूट टेस्ट (MAT), कॉमन एडमिशन टेस्ट (CAT), रेलवे
रिक्रूटमेंट सर्विसेज एवं सभी प्रतियोगी परीक्षाओं के लिए उपयोगी।

I0027115

लेखक
प्रसून कुमार

वी एण्ड एस पब्लिशर्स

प्रकाशक

वी एण्ड एस पब्लिशर्स

F-2/16, अंसारी रोड, दरियागंज, नई दिल्ली-110002
☏ 23240026, 23240027 • फैक्स: 011-23240028
E-mail: info@vspublishers.com • Website: www.vspublishers.com

क्षेत्रीय कार्यालय : हैदराबाद

5-1-707/1, ब्रिज भवन (सेन्ट्रल बैंक ऑफ इण्डिया लेन के पास)
बैंक स्ट्रीट, कोटी, हैदराबाद-500 095
☏ 040-24737290
E-mail: vspublishershyd@gmail.com

शाखा : मुम्बई

जयवंत इंडस्ट्रिअल इस्टेट, 1st फ्लोर-108, तारदेव रोड
अपोजिट सोबो सेन्ट्रल, मुम्बई - 400 034
☏ 022-23510736
E-mail: vspublishersmum@gmail.com

फॉलो करें:

ISBN 978-93-579416-6-2

संस्करण 2018

DISCLAIMER

मुद्रक: रेप्रो नॉलेजकास्ट लिमीटेड, ठाणे

प्रकाशकीय

एक उत्कृष्ट प्रकाशक के तौर पर देश भर में प्रसिद्धि प्राप्त करने के पश्चात् **'वी एण्ड एस पब्लिशर्स'** ने विशेष रूप से ओलम्पियाड एवं अकादमिक परीक्षाओं में शामिल होने जा रहे छात्रों के लिए 'ओलम्पियाड श्रृंखला' की पुस्तकें प्रकाशित करने का निश्चय किया।

वर्ष 2015 में हमने पहली बार विज्ञान, गणित, अंग्रेजी तथा कम्प्यूटर सम्बन्धित ओलम्पियाड पुस्तकों का सफलतापूर्वक प्रकाशन किया। इन पुस्तकों को देशभर के छात्रों से भरपूर सराहना मिली तथा उनके शिक्षकों और अभिभावकों से भी प्रशंसा भरे अनेक संदेश प्राप्त हुए। इस सफलता से उत्साहित होकर हमने निश्चय किया कि हमें इस प्रकार की अकादमिक पुस्तकों का प्रकाशन निरंतर जारी रखना चाहिए। इसी सिलसिले को जारी रखते हुए हमने शीर्ष प्रतियोगिता परीक्षाओं में छात्रों की सफलता हेतु इस बार **'वस्तुनिष्ठ सामान्य ज्ञान भूगोल'** पुस्तक प्रकाशित किया है।

इस पुस्तक में हमने उच्च शिक्षा तथा सरकारी सेवाओं में जाने वाले उत्साही छात्रों के लिए उन सभी संभावित प्रश्नों को सम्मिलित किया, जो इन परीक्षाओं में अकसर पूछे जाते हैं।

इस पुस्तक में इतिहास (भारत एवं विश्व), भूगोल (भारत एवं विश्व), भारतीय राजव्यवस्था एवं भारतीय अर्थव्यवस्था, सामान्य ज्ञान, कम्प्यूटर, सूचना एवं तकनीक तथा विविध आदि विषयों से 1000 चुने गये प्रश्नों का संकलन किया गया है।

सिविल सर्विस (केन्द्र एवं राज्य), स्टॉफ सलेक्शन कमीशन (SSC), इन्स्टीच्यूट ऑफ बैंकिंग पर्सनल सेलेक्शन (IBPS), डिफेंस सर्विसेज (CDSE, NDA), मैनेजमेंट एप्टीच्यूट टेस्ट (MAT), कॉमन एडमिशन टेस्ट (CAT), रेलवे रिक्रूटमेंट सर्विसेज तथा अन्य उच्च स्तरीय परीक्षाओं के लिए विशेष रूप से उपयोगी है।

यूँ तो बाजार में सामान्य ज्ञान की कई पुस्तकें उपलब्ध हैं। इन पुस्तकों के साथ एक मुख्य समस्या यह है कि कुछ अंतराल के पश्चात् इन पुस्तकों के पाठ्यक्रम में बदलाव करना आवश्यक हो जाता है। इस समस्या के निदान के लिए हमने प्रस्तुत पुस्तक में विषयों का संकलन कुछ इस प्रकार किया है, जिससे छात्रों को इसके पाठ्यक्रय में शीघ्र बदलाव की आवश्यकता महसूस नहीं हो। इस योजना के तहत पुस्तक में समसामियकी (करेंट अफेयर्स) का चयन नहीं किया गया है। हमें आशा है कि छात्र एवं शिक्षक इस पुस्तक की व्यापक उपयोगिता को देखते हुए इसे सहर्ष अपनायेंगे। छात्रों से अनुरोध है कि प्रश्नों को हल करने के पश्चात् यदि उन्हें पुस्तक में कोई त्रुटि दिखायी दे तो इसकी सूचना हमारे ईमेल पर अवश्य दें, जिससे भविष्य में पुस्तक को और अधिक उपयोगी बनाया जा सके।

भारत का भूगोल

1. निम्नलिखित कथनों में से कौन-से कथन भारत के बारे में सही हैं? सही उत्तर के चयन हेतु अधोलिखित कूट का उपयोग कीजिए–
   I. भारत विश्व का पाँचवाँ बड़ा देश है।
   II. यह स्थलमंडल के कुल क्षेत्रफल का लगभग 2.4 प्रतिशत भाग अधिकृत हुए है।
   III. सम्पूर्ण भारत उष्ण कटिबंध में स्थित है।
   IV. 82°30' पूर्वी देशान्तर का उपयोग भारतीय मानक समय को निर्धारित करने के लिए किया जाता है।
   (a) I और II (b) II और III
   (c) I और III (d) II और IV
2. भारत विस्तृत है–
   (a) 37°17'53" उ० तथा 8°6'28" द० के बीच
   (b) 37°17'53" उ० तथा 8°4'28" द० के बीच
   (c) 37°17'53" उ० तथा 8°28' उ० के बीच
   (d) उपर्युक्त में कोई नहीं
3. गुजरात के सबसे पश्चिमी गांव और अरुणाचल प्रदेश के सबसे पूर्वी छोर पर स्थित वालांग शहर के समय में कितने घंटे का अन्तराल होगा?
   (a) 1 घंटा (b) 2 घंटा
   (c) 3 घंटा (d) 1/2 घंटा
4. निम्न कथनों पर विचार कीजिए–
   1. जबलपुर की देशान्तर रेखा इंदौर व भोपाल की देशान्तर रेखाओं के बीच है।
   2. औरंगाबाद का अक्षांश बड़ोदरा व पुणे के अक्षांशों के बीच है।
   3. बंगलुरु की अवस्थिति चेन्नई की तुलना में अधिक दक्षिणवर्ती है।
   इनमें से कौन-सा/से कथन सही है/हैं?
   (a) 1 और 3 (b) केवल 2
   (c) 2 और 3 (d) 1, 2 और 3
5. यदि हिमालय-पर्वत-श्रेणियाँ नहीं होती तो भारत पर सर्वाधिक संभाव्य भौगोलिक प्रभाव क्या होता?
   I. देश के अधिकांश भाग में साइबेरिया से आने वाली शीत लहरों का अनुभव होता।
   II. सिन्धु-गंगा मैदान इतनी सुविस्तृत जलोढ़ मृदा से वंचित होता।
   III. मानसून का प्रतिरूप से भिन्न होता।
   उपरोक्त कथनों में से कौन-सा/से सही है/हैं?
   (a) केवल I
   (b) केवल II
   (c) केवल 2 और III
   (d) I, II और III
6. निम्न में से कौन-सा कथन असत्य है?
   (a) भौमिकीय दृष्टि से प्रायद्वीप क्षेत्र भारत का सबसे प्राचीन भाग है।
   (b) हिमालय विश्व में सबसे नवीन वलित (फोनडेड) पर्वतों को प्रदर्शित करते हैं।
   (c) भारत के पश्चिमी समुद्र तट का निर्माण नदियों की जमाव क्रिया द्वारा हुआ है।
   (d) भारत में गोंडवाना शिलाओं में कोयले का वृहत्तम भंडार है।

7. भारत में भू-आकारों की रचना के सम्बन्ध में निम्नलिखित कथनों पर मनन कीजिए–

1. संरचनात्मक दृष्टि से मेघालय पठार दक्कन पठार का ही विस्तारित भाग है।
2. कश्मीर घाटी की रचना एक समभिनति में हुई।
3. गंगा मैदान की रचना एक अग्रगर्त में हुई।
4. हिमालय की उत्पत्ति भारतीय प्लेट, यूरोपीय प्लेट तथा चीनी प्लेट के त्रिकोणीय अभिसरण के फलस्वरूप हुई है।

इन कथनों में से कौन-से कथन सही हैं?

(a) 1, 2 तथा 3 (b) 1, 3 तथा 4
(c) 1 तथा 3 (d) 2 तथा 4

8. सूची-I को सूची-II के साथ सुमेलित कीजिए और सूचियों के नीचे दिये गये कूट का प्रयोग कर सही उत्तर का चयन कीजिए–

सूची-I	**सूची-II**
A. दकन ट्रैप	1. उत्तर नूतन
B. पश्चिमी घाट	2. प्री-कैम्ब्रियन
C. अरावली	3. क्रिटेशियस
D. नर्मदा-ताप्ति कैम्ब्रियन	4. आदि नूतन
E. जलोढ़ निक्षेप	5. अत्यंत नूतन

कूट :	**A**	**B**	**C**	**D**
(a)	3	5	1	4
(b)	3	1	2	5
(c)	2	1	3	4
(d)	1	4	2	5

9. हिमालय का पर्वत पदीय प्रदेश है–

(a) ट्रांस-हिमालय (b) शिवालिक
(c) वृहत्त हिमालय (d) अरावली

10. जब आप हिमालय की यात्रा करेंगे, तो आप निम्नलिखित जगहों को देखेंगे–

1. गहरे खड्डे
2. U घुमाव वाले नदी-मार्ग
3. समांतर पर्वत श्रेणियाँ
4. भूस्खलन के लिए उत्तरदायी तीव्र ढाल प्रवणता

उपर्युक्त में से कौन-से हिमालय के तरुण वलित पर्वत (नवीन मोड़दार पर्वत) के साक्ष्य कहे जा सकते हैं?

(a) केवल 1 और 2
(b) केवल 1, 2, और 4
(c) केवल 3 और 4
(d) 1, 2, 3 और 4

11. उत्तर से शुरु कर दक्षिण की ओर नीचे दी गयी पहाड़ियों का सही अनुक्रम क्या है?

(a) नमलामलाई पहाड़ियाँ → नीलगिरि पहाड़ियाँ → जवादी पहाड़ियाँ → अन्नामलाई पहाड़ियाँ
(b) अन्नामलाई पहाड़ियाँ → जवादी पहाड़ियाँ → नीलगिरि पहाड़ियां → नमलामलाई पहाड़ियाँ
(c) नमलामलाई पहाड़ियाँ → जवादी पहाड़ियाँ → नीलगिरि पहाड़ियाँ → अन्नामलाई पहाड़ियाँ
(d) अन्नामलाई पहाड़ियाँ → नीलगिरि पहाड़ियाँ → जवादी पहाड़ियाँ → नमलामलाई पहाड़ियाँ

12. भारत में कॉफी सबसे अधिक किस जगह उगाई जाती है?

(a) राजमहल हिल्स (b) दार्जिलिंग
(c) आन्ध्र प्रदेश (d) कर्नाटक

13. भारत में रबड़ का सबसे बड़ा उत्पादक राज्य है–

(a) केरल (b) कर्नाटक
(c) महाराष्ट्र (d) असम

14. रबड़ की खेती के लिए आवश्यक तापमान क्या है?
    (a) 25°C   (b) 30°C
    (c) 35°C   (d) 40°C

15. 'मसालों का बगीचा' उपनाम से प्रसिद्ध राज्य है–
    (a) कर्नाटक   (b) केरल
    (c) झारखण्ड   (d) गोवा

16. भारत में किस किस्म के कॉफी का उत्पादन किया जाता है?
    (a) कावों   (b) ऐराबिका
    (c) केगा   (d) कॉनसो

17. जूट सबसे अधिक कहाँ होता है?
    (a) मुबंई
    (b) कर्नाटक
    (c) बंगाल के डेल्टा क्षेत्र
    (d) आन्ध्र प्रदेश

18. भारत में सर्वाधिक पटसन का उत्पादक प्रदेश कौन-सा है?
    (a) तमिलनाडु   (b) पश्चिम बंगाल
    (c) बिहार   (d) आन्ध्र प्रदेश

19. इनमें से कौन-सा सही नहीं है?
    (a) गेहूँ-रबी   (b) चना-खरीफ
    (c) चावल-खरीफ   (d) जौ-रबी

20. भारत में सबसे अधिक कौन-सी मिट्टी पायी जाती है?
    (a) लैटेराइट   (b) काली मिट्टी
    (c) जलोढ़ मिट्टी (d) पंक

21. इनमें से कौन गेहूँ फसल के संदर्भ में सही है?
    (a) अक्टूबर-नवम्बर में बोया जाता है तथा मार्च में काटा जाता है।
    (b) जनवरी-फरवरी में काटना तथा जून-जुलाई में बोआई।
    (c) जून-जुलाई में बोआई तथा मार्च-अप्रैल में कटाई।
    (d) इनमें से कोई नहीं।

22. बीज से उत्पन्न किये गये पौधे को पुन: रोपकर निम्नलिखित में से किसकी खेती होती है?
    (a) मक्का   (b) धान
    (c) चारा   (d) गन्ना

23. निम्नलिखित में से कौन-सी कृषि विधा ईकोफ्रेंडली है?
    (a) ऑर्गेनिक फार्मिंग
    (b) शिफ्टिंग कनटीवेशन
    (c) ऐसी किस्मों की खेती जो अधिक उपज देती हो।
    (d) कांच के घरों में पादप उगाना।

24. भारत में गेहूँ का सबसे बड़ा उत्पादक राज्य है–
    (a) हरियाणा   (b) पंजाब
    (c) उत्तर प्रदेश   (d) महाराष्ट्र

25. निम्नलिखित कृषि प्रणालियों में से कौन-सा एक पारिस्थितिक मित्र है?
    (a) कार्बनिक खेती
    (b) स्थानांतरी जुताई
    (c) उच्च-उत्पाद किस्मों की खेती
    (d) काँच गृहों में पौधे उगाना

26. सबसे ज्यादा चावल किस राज्य में होता है?
    (a) पश्चिम बंगाल (b) पंजाब
    (c) केरल   (d) गुजरात

27. कपास की खेती के लिए किस प्रकार की मिट्टी चाहिए?
    (a) बांगर   (b) खादर
    (c) लाउस   (d) रेगुड़

28. कपास उगाने के लिए निम्नलिखित में से कौन-सी मिट्टी उपयुक्त है?
    (a) रेतीली मिट्टी
    (b) चिकनी मिट्टी
    (c) काली मिट्टी
    (d) दोमट मिट्टी

29- भारत में काली मिट्टी के क्षेत्र कहाँ तक सीमित हैं?
   (a) गंगा का मैदान
   (b) मध्य-दक्षिणी क्षेत्र
   (c) हिमालय का क्षेत्र
   (d) पूर्वी डेल्टा के क्षेत्र

30. कुफरी चमत्कार किस फसल की प्रजाति है?
   (a) मूली   (b) आलू
   (c) कपास   (d) आम

31. भारत में पाई जाने वाली खादर एवं बांगर किस प्रकार की मिट्टी है?
   (a) जलोढ़   (b) रेगूर
   (c) लेटेराईट   (d) लाल-पीली

32- भारत में धान्य फसलें उगाई जाती हैं, कुल कृषि भूमि के–
   (a) 50 प्रतिशत भाग में
   (b) 60 प्रतिशत भाग में
   (c) 75 प्रतिशत भाग में
   (d) 85 प्रतिशत भाग में

33. कॉफी किस क्षेत्र का पौधा है?
   (a) उष्ण कटिबंधीय झाड़ीदार
   (b) शीतोष्ण कटिबंधीय
   (c) उक्त दोनों
   (d) उपरोक्त में से कोई नहीं।

34. निम्नलिखित में से कौन-सा एक खरीफ फसल नहीं है?
   (a) ज्वार   (b) बाजरा
   (c) चना   (d) मक्का

35. सिंधु गंगा के मैदान की नई जलोढ़ मिट्टी को किस नाम से जाना जाता है?
   (a) खादर   (b) ऊसर
   (c) रेगूर   (d) बांगर

36. देश के कुल कृषि योग्य क्षेत्र के सर्वाधिक भाग पर निम्न में किस फसल की कृषि की जाती है?
   (a) गेहूँ   (b) चावल
   (c) बाजरा   (d) कपास

37. गन्ने का अधिकतम उत्पादन करने वाला प्रदेश है–
   (a) उत्तर प्रदेश   (b) महाराष्ट्र
   (c) पंजाब   (d) बिहार

38. भारत में ईख कितने माह में परिपक्व होता है?
   (a) 5 माह   (b) 3 माह
   (c) 7 माह   (d) 12 माह

39. हिमालय नदियों की मुख्य विशेषता है–
   (a) ये गाद निक्षेप में समृद्ध होती हैं।
   (b) इनमें जल का प्रवाह बारहमासी होता है।
   (c) ये मुख्यत: वर्षाजनित है।
   (d) ये नाव चलाने के लिए उपयुक्त हैं।

40. कौन-सी नदी पश्चिम की ओर बहते हुए अरब सागर में प्रवेश करती है?
   (a) गोदावरी   (b) कृष्णा
   (c) कावेरी   (d) नर्मदा

41. निम्नलिखित में से कौन-सी नदी बंगाल की खाड़ी में नहीं गिरती है?
   (a) महानदी   (b) ताप्ती
   (c) गोदावरी   (d) माही

42. निम्नलिखित में से कौन-सी नदी बंगाल की खाड़ी मिलती है?
   (a) चम्बल   (b) ताप्ती
   (c) महानदी   (d) माही

43. 'राजस्थान नहर' पानी प्राप्त करता है–
   (a) सतलज नदी से (b) व्यास नदी से
   (c) चम्बल नदी से (d) रावी नदी से

44. राजस्थान नहर का नया नाम क्या है?
   (a) गांधी नहर
   (b) इन्दिरा गांधी नहर
   (c) जवाहर नहर

(d) सुभाष नहर

45. ग्रीष्म ऋतु में तीव्र गर्मी एवं निम्न दाब के कारण विषुवत् रेखा पार कर आने वाला मानसून है–
(a) दक्षिण मानसून
(b) उत्तर-पूर्वी मानसून
(c) दक्षिण-पूर्वी मानसून
(d) उत्तर-पश्चिम मानसून

46. इनमें नकदी फसल कौन-सा है?
(a) जूट (b) जौ
(c) गेहूँ (d) मटर

47. निम्नलिखित में सबसे अधिक उपजाऊ भूमि कौन-सी है?
(a) लाल मिट्टी
(b) लैटराइट मिट्टी
(c) जलोढ़ मिट्टी
(d) काली मिट्टी

48. खरीफ फसल काटी जाती है–
(a) अक्टूबर-नवंबर
(b) जनवरी-फरवरी
(c) मार्च-अप्रैल
(d) मई-जून

49. निम्न में से किस मिट्टी को सबसे कम जोतने की आवश्यकता होती है?
(a) लाल मिट्टी (b) काली मिट्टी
(c) जलोढ़ मिट्टी (d) चिकनी मिट्टी

50. भारत में काजू उत्पादन के मामले में मुख्य राज्य कौन-सा है?
(a) केरल (b) तमिलनाडु
(c) उड़ीसा (d) पश्चिम बंगाल

51. मिट्टी की रचना सामान्यतः निम्नलिखित प्रक्रिया द्वारा होती है–
(a) अपरदन (b) निक्षेपण
(c) निरावरणीयकरण (d) अपक्षय

52. सूची-I का सूची-II से मिलान कीजिए एवं कूट का प्रयोग करते हुए सही उत्तर का चयन कीजिए–

सूची-I (बीमारी)	**सूची-II (फसल)**
A. ब्लैक रस्ट	1. चावल
B. स्टेम रॉट	2. सरसों
C. ह्वाइट रस्ट	3. आलू
D. अर्ली ब्लाइट	4. गेहूँ

कूट :	**A**	**B**	**C**	**D**
(a)	1	3	4	2
(b)	4	1	2	3
(c)	4	3	2	1
(d)	2	1	4	3

53. निम्नलिखित में से कौन-से दो राज्य कावेरी जल विवाद से सम्बन्धित है.
(a) कर्नाटक और तमिलनाडु
(b) कर्नाटक और केरल
(c) केरल और तमिलनाडु
(d) तमिलनाडु और मध्य प्रदेश

54. 'सरदार सरोवर' परियोजना किस राज्य में निर्माणाधीन है?
(a) राजस्थान (b) मध्य प्रदेश
(c) उत्तर प्रदेश (d) गुजरात

55. नर्मदा नदी पर कौन-सा बाँध नहीं है?
(a) कोयना नदी (b) इंदिरा नगर
(c) सरदार सरोवर (d) गांधी सागर

56. निम्नलिखित में से कौन-सी भारतीय नदी पूर्व से पश्चिम की ओर नहीं बहती है?
(a) नर्मदा (b) ताप्ती
(c) लूनी (d) कावेरी

57. भाखड़ा नांगल बहुउद्देशीय परियोजना किस नदी पर बनी है?
(a) रावी (b) व्यास
(c) सतलज (d) झेलम

58. भारत का सबसे ऊँचा जलप्रपात 'जोग' किस राज्य में अवस्थित है?
    (a) उत्तर प्रदेश   (b) पश्चिम बंगाल
    (c) कर्नाटक   (d) महाराष्ट्र

59. इन सभी में टोची, गिलगिट तथा हुआ किसकी सहायक नदियाँ हैं?
    (a) गंगा   (b) सिन्धु
    (c) यमुना   (d) ब्रह्मपुत्र

60. निम्नलिखित कथनों पर विचार करें-
    1. जलोढ़ मृदा रासायनिक गुणधर्मों में समृद्ध होती है और रबी व खरीफ की फसलें उगाने में सक्षम होती है।
    2. काली मिट्टी कपास, मूँगफली के लिए उपयुक्त होती है।
    3. रबी की फसलें जून में बोने के बाद अक्टूबर में काटी जाती है।
    इनमें से कौन-सा कूट सही है?
    (a) 1, 2 व 3   (b) 1 व 2
    (c) 2 व 3   (d) 1 व 3

61. निम्नलिखित में से कौन-सी नदी कृष्णा नदी की सहायक नदी नहीं है?
    (a) तुंगभद्रा   (b) मालप्रभा
    (c) घाटप्रभा   (d) अमरावती

62. जवाहर सागर, राणा प्रताप सागर तथा गांधी सागर जलाशय किस नदी पर निर्मित है?
    (a) बेलवा   (b) नर्मदा
    (c) ताप्ती   (d) चम्बल

63. निम्न में से किस नदी की बोकारो और फेनाल सहायक नदियाँ हैं?
    (a) सोन नदी   (b) महानदी
    (c) दामोदर   (d) स्वर्ण रेखा

64. कावेरी नदी निम्नलिखित में गिरती है-
    (a) बंगाल की खाड़ी
    (b) अरब सागर
    (c) पाक जलडमरुमध्य
    (d) इनमें से कोई नहीं

65. निम्नलिखित में से गंगा की कौन-सी सहायक नदी उत्तर की ओर की बहती है?
    (a) कोसी   (b) घाघरा
    (c) सोन   (d) गंडक

66. गंडक किसकी सहायक नदी है?
    (a) यमुना   (b) सिंध
    (c) गोदावरी   (d) गंगा

67. लूनी नदी किसमें गिरती है?
    (a) गंगा मुहाना
    (b) केरल का समुद्र तट
    (c) कच्छ का रन
    (d) गोदावरी का मुहाना

68. निम्नलिखित में से किस नदी को 'दक्षिण गंगा' कहा जाता है?
    (a) कृष्णा   (b) गोदावरी
    (c) महानदी   (d) कावेरी

69. दक्षिण भारत की नदियों में सबसे लम्बी नदी है-
    (a) गोदावरी   (b) कृष्णा
    (c) नर्मदा   (d) ताप्ती

70. निम्न में से कौन-सी जल विद्युत परियोजना कृष्णा या उसकी सहायक नदियों पर नहीं है?
    (a) नागार्जुन सागर   (b) तुंगभद्रा
    (c) श्रीसाइलम   (d) निजाम सागर

71. निम्नलिखित में से कौन-सी नदी दादर घाटी से होकर गुजरती है?
    (a) गोदावरी   (b) नर्मदा
    (c) कृष्णा   (d) महानदी

72. किस महाद्वीप में एटलस पर्वत स्थित है?
    (a) एशिया   (b) अफ्रीका
    (c) ऑस्ट्रेलिया   (d) यूरोप

73. निम्नलिखित में से कौन-सी नदी हिमाचल प्रदेश से होकर प्रवाहित नहीं होती है?
    (a) सतलज   (b) झेलम
    (c) रावी   (d) चिनाब

74. लैगून क्या है?
(a) एक तालाब (b) झील
(c) झरना (d) जलप्रपात

75. कृष्णा नदी का उद्गम स्थल .... के समीप है-
(a) महाबलेश्वर (b) खन्डाला
(c) उदगमडलम् (d) पंचमढ़ी

76. वरुणा परियोजना सम्बन्धित है-
(a) सुपरसोनिक एयरक्राफ्ट
(b) प्रक्षेपास्त्र
(c) क्लाउड सिडिंग
(d) इनमें से कोई नहीं।

77. महात्मा गांधी 'जल विद्युत उत्पादन प्लांट' कहाँ स्थित है?
(a) जोग प्रपात
(b) शिवसमुद्रम
(c) गोकक
(d) इनमें से कोई नहीं।

78. नेवली ताप-विद्युत् स्टेशन किस राज्य में स्थित है?
(a) उत्तर प्रदेश (b) मध्य प्रदेश
(c) तमिलनाडु (d) कर्नाटक

79. भारत का विद्युत उत्पादन के क्षेत्र में किस प्रकार के विद्युत का अधिकतम हिस्सा है?
(a) जल विद्युत (b) तापीय विद्युत
(c) नाभिकीय विद्युत (d) सौर विद्युत

80. निम्नलिखित में से कौन-सी नदी अरब सागर में गिरती है?
(a) गोदावरी (b) महानदी
(c) माही (d) कृष्णा

81. गोदावरी नदी कहाँ से होकर बहती है?
(a) महाराष्ट्र व आन्ध्र प्रदेश
(b) महाराष्ट्र, उड़ीसा व आन्ध्र प्रदेश
(c) महाराष्ट्र, कर्नाटक व आन्ध्र प्रदेश
(d) महाराष्ट्र, कनार्टक, उड़ीसा व आन्ध्र प्रदेश

82. सिन्धु नदी का उद्गम स्थल कहाँ है?
(a) रोहतांग दर्रा
(b) शेषनाग झील
(c) मानसरोवर झील
(d) मप्सातुंग हिमानी

83. अरावली पर्वत शृंखला निम्नलिखित नदी प्रणाली से द्विविभाजित होती है-
(a) चंबल और सरस्वती
(b) चंबल और साबरमती
(c) नर्मदा और बनास
(d) लूनी और बनास

84. भागीरथी और अलकनंदा कहाँ मिलकर गंगा बन जाती है?
(a) कर्ण प्रयाग (b) देव प्रयाग
(c) रूद्र प्रयाग (d) गंगोत्री

85. गंगा नदी निम्न में से कहाँ डेल्टा बनाती है?
(a) पारादीप के पास
(b) सुन्दरवन में
(c) विशाखापत्तनम के पास
(d) इनमें से कोई नहीं।

86. भारत में डेल्टा बनाने वाली नदियाँ है-
(a) गंगा, महानदी, नर्मदा
(b) कृष्णा, गंगा, ताप्ती
(c) कावेरी, गंगा, महानदी
(d) नर्मदा, ताप्ती, कृष्णा

87. ब्रह्मपुत्र नदी भारत के मैदानी भाग में किस नाम से प्रवेश करती है?
(a) मानस (b) धनजी
(c) दिहांग (d) व्यांगणो

88. निम्नलिखित में से कौन-सी नदी एस्चुएरी बनाती है?
(a) गंगा (b) नर्मदा
(c) कृष्णा (d) कावेरी

89. प्रसिद्ध चिल्का झील कहाँ स्थित है?
(a) राजस्थान   (b) उड़ीसा
(c) कर्नाटक   (d) पश्चिम बंगाल

90. सांभर झील कहाँ है?
(a) राजस्थान   (b) उत्तर प्रदेश
(c) दिल्ली   (d) तमिलनाडु

91. नागार्जुन परियोजना किस नदी पर बनायी गयी है?
(a) कृष्णा   (b) कावेरी
(c) महानदी   (d) गोदावरी

92. एलीफेंटा जलप्रपात अवस्थित है-
(a) मणिपुर   (b) असम
(c) मेघालय   (d) मिजोरम

93. पुष्कर झील कहाँ अवस्थित है?
(a) राजस्थान
(b) उत्तर प्रदेश
(c) पंजाब
(d) जम्मू व कश्मीर

94. लोकटक झील किस प्रांत में स्थित है?
(a) सिक्किम   (b) मणिपुर
(c) त्रिपुरा   (d) मिजोरम

95. भारत में विश्व का सबसे उच्च मेसोनरी बाँध निम्न में से कौन है?
(a) भाखड़ा नांगल (b) हीराकुंड
(c) फरक्का   (d) नागार्जुन

96. खंभात की खाड़ी किसके बीच स्थित है?
(a) कच्छ के रन-जामनगर
(b) राजकोट-जूनागढ़
(c) भुज-जामनगर
(d) भावनगर-सूरत

97. निम्नलिखित में से कौन-सी नदी पश्चिम की ओर नहीं बहती है?
(a) नर्मदा   (b) ताप्ती
(c) नेत्रावती   (d) वैगे

98. नेत्रावती नदी..........................

(a) पूरब की ओर बहती है।
(b) पश्चिम की ओर बहती है।
(c) दक्षिण की ओर बहती है।
(d) कावेरी की उपनदी है।

99. डेल्टा का निर्माण होता है, जब नदी के मुहाने पर-
(a) नदी प्रवाह तेज होता है।
(b) नदी प्रवाह निर्बल होता है।
(c) समुद्री ज्वार प्रबल होते हैं।
(d) समुद्र ज्वार निर्बल होते हैं।

100. निम्नलिखित नदियों में से कौन-सी नदी अपने मुहाने पर कोई डेल्टा नहीं बनाती?
(a) कावेरी   (b) महानदी
(c) गोदावरी   (d) ताप्ती

101. निम्नलिखित में भारत के चावल के कटोरों के रूप में विख्यात क्षेत्र का नाम बताइए-
(a) पूर्वोत्तर क्षेत्र
(b) केरल एवं तमिलनाडु
(c) सिन्धु-गंगा का मैदा
(d) कृष्णा-गोदावरी डेल्टा क्षेत्र

102. भारत का पूर्वी समुद्री तट किस नाम से जाना जाता है?
(a) कोंकण तट
(b) मालाबार तट
(c) दीघा तट
(d) कोरोमण्डल तट

103. पश्चिमी घाट में पश्चिम की ओर बहने वाली अधिकांश नदियाँ किस कारण डेल्टा का निर्माण नहीं करती हैं?
(a) अपरदित पदार्थों की कमी के कारण
(b) अधिक ढलान के कारण
(c) पेड़-पौधे एवं मुक्त क्षेत्र की कमी के कारण
(d) कम वेग के कारण

104. राउरकेला स्थित इस्पात संयंत्र निम्नलिखित में से किस बाँध से पानी लेता है?
(a) हीराकुंड
(b) दामोदर घाटी परियोजना
(c) रिहन्द बाँध
(d) तुंगभ्रदा बाँध

105. सलाल परियोजना निम्नलिखित नदी पर है-
(a) चिनाब (b) रावी
(c) सतलज (d) झेलम

106. निम्नलिखित में कौन-सी नदी बिंध्य और सतपुड़ा पर्वत शृंखला के मध्य मे गुजरती है?
(a) नर्मदा (b) ताप्ती
(c) गंडक (d) गोदावरी

107. बेलूर किस नदी के तट पर है?
(a) हेमावती (b) कावेरी
(c) याग्ची (d) तुंगभद्रा

108. निम्न में से कौन-सी नदी रिफ्ट घाटी से होकर बहती है?
(a) महानदी (b) नर्मदा
(c) गोदावरी (d) यमुना

109. थीन बाँध निम्नलिखित नदी पर स्थित है?
(a) सतलज (b) व्यास
(c) रावी (d) अलकनंदा

110. टिहरी डैम किस नदी पर स्थित है?
(a) अलकनंदा (b) भागीरथी
(c) यमुना (d) मन्दाकिनी

111. गोकक जलप्रपात किस जिले में स्थित है?
(a) बेलगाँव (b) धारवाड़
(c) रायचूर (d) बीदर

112. भारत में विश्व बैंक की सहायता से विष्णुगढ़ पीपलकोटि हाइड्रो पॉवर विद्युत परियोजना किस नदी पर बनायी जा रही है?
(a) नर्मदा (b) अलकनंदा
(c) ताप्ती (d) सतलज

113. पोंग बाँध किस नदी पर बना है?
(a) रावी (b) झेलम
(c) व्यास (d) सतलज

114. मेट्टूर बाँध किस नदी पर बाँधा गया है?
(a) गावनी (b) कावेरी
(c) हेमवती (d) पालार

115. भारत में सबसे लम्बा बाँध है-
(a) भाखड़ा बाँध
(b) नागार्जुन सागर बाँध
(c) हीराकुंड बाँध
(d) कोसी बाँध

116. बेलाडीला (छत्तीसगढ़) क्यों प्रसिद्ध है?
(a) तेलशोधक कारखाना
(b) लक्ष्मी विलास महल
(c) लौह अयस्क
(d) स्थापत्य कला हेतु

117. शिकारी देवी अभयारण्य किस राज्य में है?
(a) उत्तर प्रदेश
(b) हिमाचल प्रदेश
(c) जम्मू एवं कश्मीर
(d) असम

118. फ्लोरा, फौना और एवियन जीवों के लिए आश्चर्यजनक खतरे से परिपूर्ण नमदाफा वन्य जीव अभयारण्य कहाँ पर स्थित है?
(a) मेघालय
(b) मिजोरम
(c) नागालैण्ड
(d) अरुणाचल प्रदेश

119. सूरत किस नदी के किनारे बसा है?
(a) यमुना (b) सरस्वती
(c) ताप्ती (d) महानदी

120. कावेरी नदी तट पर कौन-सा शहर स्थित है?
(a) तिरुचिरापल्ली
(b) मैसूर
(c) बंगलूरु
(d) हैदराबाद

121. स्टील सिटी राउरकेला किस नदी के किनारे स्थित है?
(a) महानदी (b) ब्राह्मणी
(c) वैतरणी (d) स्वर्ण रेखा

122. लिग्नाइट निम्नलिखित में से किसका प्रकार है?
(a) चूना-पत्थर (b) कोयला
(c) ताँबा (d) लौह-अयस्क

123. पोर्टलैण्ड सीमेंट का मुख्य तत्त्व है-
(a) चूना, सिलिका तथा आयरन-ऑक्साइड
(b) चूना, सिलिका तथा एलूमिना
(c) चूना, सिलिका तथा मैग्रेसिया
(d) सिलिका, एलूमिना तथा मैग्रेसिया

124. ओबरा शहर प्रसिद्ध है-
(a) तेल शोधक कारखाने के लिए
(b) थर्मल पॉवर प्लाण्ट के लिए
(c) स्टील उद्योग के लिए
(d) एल्यूमिनियम प्लाण्ट के लिए

125. होगेनक्कल जलप्रपात किस नदी के तट पर स्थित है?
(a) कृष्णा (b) पेरियार
(c) वैगल (d) कावेरी

126. कौन-सी प्राचीन नगरी का नाम दो नदियों के नाम से लिया गया है?
(a) वारणसी (b) पाटलिपुत्र
(c) उज्जैनी (d) प्राग्ज्योतिषपुर

127. प्रथम तेल परिष्करण संयन्त्र कहाँ स्थापित किया गया?
(a) बरौनी में
(b) डिग्बोई में
(c) विशाखापत्तनम में
(d) मुम्बई में

128. निम्नलिखित में से कौन-सा राज्य मूँगफली का सबसे बड़ा उत्पादक है?
(a) बिहार (b) गुजरात
(c) महाराष्ट्र (d) उत्तर प्रदेश

129. अधिकतर चट्टानों एवं खनिजों में किस तत्त्व की बहुलता होती है?
(a) सिलिकॉन
(b) कार्बन
(c) लोहा
(d) इनमें से कोई नहीं।

130. पेट्रोलियम कहाँ पाया जाता है?
(a) आग्नेय चट्टनों में
(b) अवसादी चट्टनों में
(c) कायान्तरित चट्टानों में
(d) उपर्युक्त सभी

131. मेलाकाइट इनमें से किस धातु का खनिज है?
(a) ताँबा (b) चांदी
(c) मैग्नीशियम (d) लोहा

132. लिग्नाइट एक प्रकार है-
(a) संगमरमर का (b) बालू का
(c) कोयला का (d) मैंगनीज का

133. कोलार की खानों में किस धातु का उत्पादन होता है?
(a) ताँबा (b) एल्युमिनियम
(c) चांदी (d) सोना

134. राजस्थान की 'खेतड़ी परियोजना' किसके उत्पादन के लिए है?
(a) जस्ता (b) ताँबा
(c) इस्पात (d) एल्युमिनियम

135. चूने का पत्थर .... तरह की चट्टान है-
(a) सेडीमेन्टरी
(b) इग्नीअस

(c) मेटामॉरफीक
(d) मेटा सेडीमेन्टरी

136. चूना पत्थर की चट्टान कायान्तरित हो जाती है, तब बनती है–
(a) ग्रेफाइट (b) क्वाट्ज़्जाइट
(c) ग्रेनाइट (d) संगमरमर

137. किस क्षेत्र में लौह-अयस्क खान बसा हुआ है?
(a) गुलबर्ग
(b) बेल्लारी-होसपेट
(c) मैसूर-माण्डया
(d) बुबली-धारवाड़

138. नमक किस खनिज से उत्पन्न होता है?
(a) ऐजुराइट (b) पाइराइट
(c) हेमाटाइट (d) हैलाइड

139. निजी क्षेत्र की मंगलौर रिफायनरी का अधिग्रहण निम्नलिखित में किसने कर लिया है?
(a) आई०ओ०सी० (I.O.C.)
(b) बी०पी०सी०एल० (B.P.C.L.)
(c) एच०पी०सी०एल० (H.P.C.L.)
(d) ओ०एन०जी०सी० (O.N.G.C.)

140. निम्नलिखित में सबसे कठोर कौन-सी चीज है?
(a) प्लेटिनम (b) स्वर्ण
(c) हीरा (d) चाँदी

141. भारत में हीरे की खान कहाँ स्थित है?
(a) उत्तर प्रदेश (b) कर्नाटक
(c) मध्य प्रदेश (d) गुजरात

142. एंथ्रेसाइट और बिटुमिनस किसके उत्पाद हैं?
(a) हीरा (b) पेट्रोल
(c) कोयला (d) सोना

143. एल्युमिनियम धातु का अयस्क है–
(a) क्यूप्राइट (b) गैलेना
(c) बॉक्साइट (d) जर्कोनाइट

144. सिमलीपाल अभयारण्य किस राज्य में है?
(a) बिहार (b) झारखण्ड
(c) उड़ीसा (d) केरल

145. मेघालय के चेरापूँजी में स्थित विश्व का चौथा सबसे ऊँचा जलप्रपात निम्न है–
(a) नोहकैलिकै प्रपात
(b) नोहस्त्रीगथिपंग प्रपात
(c) डैन्थलेन प्रपात
(d) स्प्रेड ईगल प्रपात

146. इन्द्रावती प्राणहिता और साबरी किसकी सहायक नदियाँ हैं?
(a) कृष्णा (b) कावेरी
(c) साबरमती (d) गोदावरी

147. भारत में जैव-विविधता के 'ताप स्थल' हैं-
(a) पश्चिमी हिमालय व पूर्वी घाट
(b) पश्चिमी हिमालय व सुन्दरवन
(c) पूर्वी हिमालय व पश्चिमी घाट
(d) पूर्वी हिमालय व शान्त घाट

148. सिंह, जिराफ, बाइसन जैसे जानवर ...... में पाये जाते हैं।
(a) पर्णपाती वन
(b) घासस्थल
(c) मरुभूमि
(d) शंकुवृक्षी वन

149. केरल में इडुक्की परियोजना किस नदी पर है?
(a) पम्बा
(b) कुडांह
(c) पेरियार
(d) इनमें से कोई नहीं।

150. चम्बल नदी निम्नलिखित में से किन राज्यों से होकर बहती है?
(a) उत्तर प्रदेश, मध्य प्रदेश, राजस्थान
(b) मध्य प्रदेश, गुजरात, उत्तर प्रदेश
(c) राजस्थान, मध्य प्रदेश, बिहार
(d) गुजरात, मध्य प्रदेश, उत्तर प्रदेश

151. घाना पक्षी अभयारण्य निम्न में से किस राज्य में स्थित है?
(a) केरल (b) राजस्थान
(c) असम (d) मणिपुर

152. 'दचिग्राम अभयारण्य' भारत के किस राज्य में स्थित है?
(a) जम्मू-कश्मीर
(b) महाराष्ट्र
(c) हिमाचल प्रदेश
(d) उत्तराचंल

153. बाँदीपुर प्रोजेक्ट टाइगर रिजर्व किस राज्य में स्थित है?
(a) असम (b) मध्य प्रदेश
(c) कर्नाटक (d) राजस्थान

154. भारतीय गैंडे कहाँ पाये जाते हैं?
(a) कॉर्बेट राष्ट्रीय उद्यान
(b) काजीरंगा अभयारण्य
(c) कान्हा राष्ट्रीय उद्यान
(d) गिर वन

155. बाघ परियोजना कब आरम्भ की गयी?
(a) 1973 (b) 1976
(c) 1978 (d) 1968

156. कान्हा राष्ट्रीय उद्यान किस राज्य में स्थित है?
(a) छत्तीसगढ़ (b) मध्य प्रदेश
(c) असम (d) राजस्थान

157. रणथम्भौर वन्य प्राणी अभयारण्य है, यह भारत के किस प्रदेश में है तथा किसके लिए प्रसिद्ध है?
(a) गुजरात-बब्बर शेर
(b) राजस्थान-काला हिरण
(c) राजस्थान-बब्बर शेर
(d) गुजरात-जंगली बाघ

158. केवलादेव अभयारण्य किस राज्य में है?
(a) उत्तर प्रदेश (b) राजस्थान
(c) मध्य प्रदेश (d) उड़ीसा

159. कौन-सा अभयारण्य विश्व धरोहर घोषित किया गया है?
(a) रणथम्भौर
(b) सरिस्का
(c) केवलादेव
(d) मरु राष्ट्रीय उद्यान

160. निम्न में से कौन 'एशियाई शेरों के शरणस्थल या गृह' के नाम से विख्यात है?
(a) गिर राष्ट्रीय उद्यान
(b) दुधवा राष्ट्रीय उद्यान
(c) कान्हा राष्ट्रीय उद्यान
(d) कॉर्बेट राष्ट्रीय उद्यान

161. विश्व का एकमात्र तैरने वाला राष्ट्रीय उद्यान 'केबुल लैम्जाओ नेशनल पार्क' निम्न में स्थित है?
(a) मणिपुर (b) मिजोरम
(c) मेघालय (d) नागालैण्ड

162. चम्बल नदी के बहाव क्षेत्र निम्न भू-आकृति की बनी है-
(a) खड्डों (b) गड्डों
(c) भेली (d) ड्रीफ्ट

163. माताटिला बहुउद्देशीय परियोजना किस राज्य में है?
(a) उत्तर प्रदेश (b) तमिलनाडु
(c) बिहार (d) पश्चिम बंगाल

164. कोरल रीफ या जीवाश्म पट्टी प्रायः कहाँ पायी जाती है?
(a) 18°C से ऊपर शीतोष्ण जलवायु क्षेत्र में
(b) कर्क व मकर के बीच तटीय क्षेत्र में
(c) ठंडे समुद्रीय तटों पर
(d) महाद्वीपों व द्वीपों के पूर्वी व पश्चिमी दोनों

165. अलमाती बाँध किनके बीच विवाद का कारण है-

(a) कनार्टक और केरल

(b) आन्ध्र प्रदेश और कर्नाटक

(c) तमिलनाडु और केरल

(d) आन्ध्र प्रदेश और तमिलनाडु

166. निम्न में से किस नदी का उद्गम स्थल भारतीय क्षेत्र में नहीं है?

(a) महानदी   (b) ब्रह्मपुत्र

(c) रावी   (d) चिनाब

167. इनमें से सबसे बड़ा नदी बेसिन किस नदी का है?

(a) ब्रह्मपुत्र   (b) गंगा

(c) गोदावरी   (d) सतलज

168. सलाल जल-विद्युत परियोजना किस नदी पर स्थित है?

(a) झेलम

(b) चिनाब

(c) रावी

(d) इनमें से कोई नहीं

169. ताप्ती नदी का उद्गम स्थान कहाँ है?

(a) मुल्ताई नगर   (b) महादेव पर्वत

(c) नेपाल   (d) ब्रह्मगिरि पहाड़ी

170. वह नदी जो पूर्वी हरियाणा एवं उत्तर प्रदेश की सीमा पर बहती है-

(a) घाघरा नदी   (b) गंगा नदी

(c) गोदावरी   (d) यमुना नदी

171. रिहन्द बाँध किस राज्य में है?

(a) उत्तर प्रदेश   (b) मध्य प्रदेश

(c) राजस्थान   (d) पंजाब

172. 'पिम्परी' से सम्बन्धित है-

(a) इस्पात उद्योग

(b) कागज उद्योग

(c) खाद उद्योग

(d) पेन्सिलीन उद्योग

173. निम्नलिखित में से किस भारतीय राज्य में 'विशाखापत्तनम' बन्दरगाह स्थित है?

(a) तमिलनाडु   (b) आन्ध्र प्रदेश

(c) केरल   (d) गुजरात

174. भारत सबसे अधिक किसका आयात करता है?

(a) बॉक्साइट

(b) मैंगनीज

(c) अभ्रक

(d) सल्फर (गंधक)

175. भारत के किस क्षेत्र में चूड़ी उद्योग स्थापित है?

(a) आगरा   (b) फिरोजाबाद

(c) गुरादाबाद   (d) कोई नहीं

176. भारत किस खनिज के मामले में आत्मनिर्भर नहीं है?

(a) लोहा   (b) मैंगनीज

(c) ताँबा   (d) बॉक्साइट

177. देश में सर्वाधिक अभ्रक का उत्पादन कहाँ होता है?

(a) बिहार   (b) झारखण्ड

(c) पश्चिम बंगाल   (d) मध्य प्रदेश

178. पवन ऊर्जा से विद्युत उत्पादन में कौन-सा राज्य अग्रणी है?

(a) गुजरात   (b) तमिलनाडु

(c) केरल   (d) कर्नाटक

179. भारत का प्रथम उर्वरक संयंत्र कहाँ लगा था?

(a) ट्राम्बे में   (b) नागल में

(c) आंलवे में   (d) सिन्दरी में

180. न्हावा-रोवा बंदरगाह परियोजना कहाँ स्थित है?

(a) कोलकाता   (b) मुम्बई

(c) चेन्नई   (d) पारादीप

181. जवाहरलाल नेहरू बन्दरगाह कहाँ स्थित है?

(a) कांडला   (b) चेन्नई

(c) मुंबई   (d) कोलकाता

182. भटकल बंदरगाह स्थित है-

(a) कर्नाटक   (b) गुजरात

(c) गोवा   (d) केरल

183. भारत के पाराद्वीप एवं कांडला पत्तन निम्न तट पर स्थित हैं-
(a) पश्चिमी
(b) क्रमशः पूर्वी और पश्चिमी तट
(c) पूर्वी
(d) क्रमशः पश्चिमी और पूर्वी तट

184. निम्नलिखित में से कौन-सा बन्दरगाह मुक्त व्यापार क्षेत्र है?
(a) कांडला (b) कोचीन
(c) चेन्नई (d) तूतीकोरिन

185. मरमागओ बन्दरगाह से मुख्यतः निर्यात किया जाता है-
(a) मछलियाँ (b) वस्त्र
(c) खाद्य सामग्री (d) अयस्क

186. भारत के पूर्वी तट में प्राकृतिक बंदरगाह है-
(a) कोलकाता
(b) मद्रास
(c) तूतीकोरिन
(d) विशाखापत्तनम

187. भारत में यूरेनियम कहाँ पाया जाता है?
(a) सोनार (b) कोलार
(c) सिंहभूमि (d) नेपानगर

188. भारतवर्ष का कौन-सा राज्य ऐन्टिमनी का मुख्य उत्पादक है?
(a) पंजाब (b) बिहार
(c) उड़ीसा (d) तमिलनाडु

189. लौह के बारे में निम्नलिखित कथनों में से कौन-सा असत्य है?
(a) यह धातु चुम्बकीय होती है
(b) लौह, स्टील, नाक एक एलॉय बनाता है
(c) कास्ट आयरन ब्रिटल होता है
(d) लौह की एलॉय स्टील कठोर होती है

190. लौह का शुद्धतम प्रकार बताइये?
(a) कास्ट आयरन (b) पिंग आयरन
(c) स्टील (d) रॉट आयरन

191. SAIL का कारखाना कर्नाटक में कहाँ स्थित है?
(a) बंगलूरु (b) भद्रावती
(c) बेलगॉम (d) रॉट आयरन

192. जावर खाने निम्नलिखित में से किससे सम्बन्धित है?
(a) जिंक अयस्क (b) लौह अयस्क
(c) बॉक्साइट (d) जिप्सम

193. निम्नलिखित में से कौन-सा पदार्थ विद्युत का सबसे कम सुचालक है?
(a) एल्युमिनियम (b) कॉपर
(c) आयरन (d) कार्बन

194. भारत में निम्नलिखित में से किस राज्य का सोने के उत्पादन में लगभग एकाधिकार है?
(a) मध्य प्रदेश (b) आन्ध्र प्रदेश
(c) कर्नाटक (d) केरल

195. ताम्र का वृहत् उत्पादक राज्य कौन-सा है?
(a) केरल (b) राजस्थान
(c) उड़ीसा (d) मध्य प्रदेश

196. मैंगनीज सबसे अधिक मात्रा में कहाँ उत्पादित होता है?
(a) मध्य प्रदेश (b) उड़ीसा
(c) बिहार (d) असम

197. भारत में 'बॉम्बे हाई' निम्नलिखित में से किसके लिए भली-भाँति जाना जाता है?
(a) तेल अनुसन्धान
(b) हैगिंग गॉर्डन
(c) गहरे समुद्र में मत्स्य अखरोट
(d) परमाणु रिएक्टर

198. दुर्गापुर इस्पात संयंत्र किसके सहयोग से बनाया गया था?
(a) ब्रिटेन

(b) फ्रांस

(c) संयुक्त राज्य अमेरिका

(d) जर्मनी

199. भारतीय जलवायु कहलाती है–

(a) उष्ण कटिबंधी

(b) उपोष्ण कटिबंधी मानसून

(c) उप-शीतोष्ण मानूसन

(d) शीतोष्ण

200. भारत वर्ष के पश्चिमी तट पर कौन-सा बंदरगाह है?

(a) कांडला   (b) मुम्बई

(c) न्यू मंगलौर   (d) उपरोक्त सभी

201. पूर्वी समुद्री तट पर कौन-सा कृत्रिम बंदरगाह स्थित है?

(a) कोच्चि   (b) कोलकाता

(c) कांडला   (d) चेन्नई

202. प्रमुख भारतीय बंदरगाहों में से कौन प्राकृतिक बंदरगाह नहीं है?

(a) मुम्बई   (b) कोचीन

(c) मार्मागाव   (d) पाराद्वीप

203. भारत का श्रेष्ठतम प्राकृतिक बंदरगाह है–

(a) चेन्नई   (b) पाराद्वीप

(c) मंगलूर   (d) मुम्बई

204. भारत के पश्चिमी समुद्र तट पर वर्षा किस मानसून में होती है?

(a) उत्तर-पूर्व   (b) उत्तर-पश्चिम

(c) दक्षिण-पूर्व   (d) दक्षिण-पश्चिम

205. भारतवर्ष के किस क्षेत्र में न्यूनतम वर्षा होती है?

(a) लद्दाख

(b) पश्चिमी घाट

(c) पूर्वी राजस्थान

(d) पश्चिमी तमिलनाडु

206. सर्वाधिक वर्षा किस जगह होती है?

(a) कोचीन   (b) मॉसिनराम

(c) अलेप्पी   (d) शिलांग

207. निम्नलिखित में से किस क्षेत्र में ग्रीष्म मानसून के दौरान अधिकतम वर्षा होती है?

(a) कोरोमंडल तट

(b) उत्तर-पूर्वी पहाड़ी क्षेत्र

(c) मध्य भारत के पहाड़ी क्षेत्र

(d) पश्चिमी हिमालय क्षेत्र

208. दक्षिण-पश्चिम मानसून का समय क्या है?

(a) मध्य जनवरी-मध्य फरवरी

(b) मार्च-मध्य अप्रैल

(c) दिसंबर-मार्च

(d) मध्य जून-सितंबर

209. भारत में सर्वाधिक वर्षा किस मानसून से होती है?

(a) दक्षिण-पूर्वी मानसून

(b) दक्षिण-पश्चिम मानसून

(c) उत्तर-पूर्वी मानसून

(d) उत्तर-पश्चिम मानसून

210. निम्न में से किस राज्य में प्रत्यावर्ती मानसून का अधिक प्रभाव होता है?

(a) उड़ीसा   (b) पश्चिम बंगाल

(c) तमिलनाडु   (d) पंजाब

211. भारतवर्ष में शुष्क शीतकाल की संभावना कहाँ है?

(a) तमिलनाडु

(b) पंजाब और हरियाणा के मैदान

(c) जम्मू-कश्मीर

(d) बंगाल के मैदान

212. तमिलनाडु में जाड़ों में वर्षा क्यों होती है?

(a) उत्तर-पश्चिम मानसून से

(b) बंगाल की खाड़ी से उठे तूफान से

(c) दक्षिण-पूर्व मानसून से

(d) दक्षिण-एशिया मानसून से

213. भारत में वर्षा किस कारण से नहीं होती है?
(a) चक्रवात
(b) प्रतिचक्रवात
(c) दोनों से
(d) इनमें से कोई नहीं

214. आइसोहायट रेखा नक्शे में किसके युग्मक बिन्दु हैं?
(a) समतापमान
(b) सम दाब
(c) सम वर्षा
(d) सम ऊँचाई

215. निम्नलिखित में से कौन-सा क्षेत्र वृष्टिछाया में पड़ता है?
(a) उत्तरी भारत
(b) राजस्थान
(c) नीलगिरि का क्षेत्र
(d) पश्चिमी भारत का पूर्वी क्षेत्र

216. लेप्चा किस राज्य के आरंभिक निवासी थे?
(a) मध्य प्रदेश
(b) त्रिपुरा
(c) झारखण्ड
(d) सिक्किम

217. निम्नलिखित में से किस राज्य में आपातानी आदिवासी जाति के लोग रहते हैं?
(a) मध्य प्रदेश
(b) उड़ीसा
(c) झारखण्ड
(d) अरुणाचल प्रदेश

218. खासी और गोरो जनजातियाँ मुख्य रूप से रहती हैं-
(a) केरल
(b) मेघालय
(c) छोटानागपुर
(d) तमिलनाडु

219. मुंडा जनजाति भारतवर्ष में कहाँ पायी जाती है?
(a) सिक्किम
(b) नागालैंड
(c) अरुणाचल प्रदेश
(d) झारखंड

220. भारत में सबसे बड़ी जनजाति है-
(a) टोडा
(b) गोंड
(c) चेन्चस
(d) गारो

221. जनजाति को इंगित करने के लिए पहली बार आदिवासी शब्द का प्रयोग किसके द्वारा किया गया था?
(a) महात्मा गांधी
(b) बी० आर० अम्बेडकर
(c) जवाहर लाल नेहरू
(d) ठक्कर बाबा

222. कौन-सा राज्य उत्तर-पूर्वी राज्यों की 'सात बहनों' का भाग नहीं है?
(a) मेघालय
(b) पश्चिम बंगाल
(c) अरुणाचल प्रदेश
(d) त्रिपुरा

223. निम्नलिखित में से कौन-सी जाति राजस्थान की है?
(a) असुर
(b) गरसिया
(c) मुंडा
(d) संथाल

224. निम्नलिखित राज्यों में से किसमें उसकी कुल जनसंख्या में अनुसूचित जातियों का सबसे अधिक अनुपात है?
(a) राजस्थान
(b) पंजाब
(c) उत्तर प्रदेश
(d) तमिलनाडु

225. बडगा (Badaga) जनजाति किस क्षेत्र में रहती है?
(a) आन्ध्र प्रदेश का तेलंगाना जिला
(b) असम की उत्तरी कछार पहाड़ियाँ
(c) तमिलनाडु की नीलगिरि पहाड़ियाँ
(d) अण्डमान और निकोबार द्वीप समूह

226. छपचरकूट, मिमकूट तथा पॉलकूट निम्न के प्रमुख त्योहार हैं-
(a) नागालैंड
(b) मिजोरम
(c) मणिपुर
(d) मेघालय

227. सोमपैन्स कहाँ के आदिवासी लोग हैं?
    (a) अंडमान
    (b) निकोबार
    (c) लक्षद्वीप
    (d) इनमें से कोई नहीं

228. निम्न केन्द्रशासित प्रदेशों में से किसमें ओन्गे जनजाति के लोग निवास करते हैं?
    (a) अण्डमान और निबोबार द्वीप समूह
    (b) दादरा और नगर हवेली
    (c) दमन और दीव
    (d) लक्षद्वीप

229. निम्नांकित में से कौन भारत का सबसे पुराना जल-शक्ति उत्पादन केन्द्र है?
    (a) मयूराक्षी   (b) मचकुण्ड
    (c) पल्लीवासर   (d) शिवसमुद्रम

230. तमिलनाडु एवं कर्नाटक का जल विवाद सम्बन्धित है-
    (a) कृष्णा   (b) कावेरी
    (c) गोदावरी   (d) महानदी

231. निम्न में से कौन-सा बाँध नर्मदा नदी पर नहीं है-
    (a) बरगी   (b) ओंकारेश्वर
    (c) इंदिरा सागर   (d) बाण सागर

232. इंदिरा सागर बाँध किस नदी पर स्थित है?
    (a) ताप्ती   (b) नर्मदा
    (c) कृष्णा   (d) कावेरी

233. सरदार सरोवर से अधिक लाभ मिलता है-
    (a) गुजरात   (b) ओडिशा
    (c) मध्य प्रदेश   (d) राजस्थान

234. भारत के निम्न राज्यों में से किसमें सागौन वन पाया जाता है?
    (a) मध्य प्रदेश   (b) उत्तर प्रदेश
    (c) झारखंड   (d) कर्नाटक

235. निम्नलिखित राज्यों में से किस राज्य में सिनकोना वृक्ष नहीं उगता है?
    (a) असम   (b) केरल
    (c) छत्तीसगढ़   (d) पश्चिम बंगाल

236. कत्था बनाने हेतु किस पेड़ की लकड़ी का प्रयोग होता है?
    (a) साल   (b) खैर
    (c) बबूल   (d) सज्जा

237. मृदाक्षरण को रोका जा सकता है-
    (a) सघन वर्षा से (b) वननाशन से
    (c) वनरोपण से   (d) अतिचारण से

238. मृदा अपरदन रोका जा सकता है-
    (a) अति चराई द्वारा
    (b) वनारोपण द्वारा
    (c) वनस्पति के उन्मूलन द्वारा
    (d) पक्षी-संख्या में वृद्धि करके

239. भारत में सर्वाधिक क्षारीय क्षेत्र पाया जाता है-
    (a) गुजरात में   (b) हरियाणा में
    (c) पंजाब में   (d) उत्तर प्रदेश

240. पौधों को सबसे अधिक पानी किस मिट्टी में मिलती है?
    (a) चिकनी मिट्टी (b) पांशु मिट्टी
    (c) बलुई मिट्टी   (d) लोम मिट्टी

241. प्रदीप परादीप बंदरगाह कहाँ स्थित है?
    (a) कर्नाटक
    (b) केरल
    (c) पश्चिम बंगाल
    (d) उड़ीसा

242. जनगणना 2011 के अनुसार भारत के निम्नलिखित राज्यों में से किसकी जनसंख्या, उत्तर प्रदेश के बाद सबसे अधिक है?
    (a) पश्चिम बंगाल (b) महाराष्ट्र
    (c) बिहार   (d) तमिलनाडु

243. भारत और चीन के अतिरिक्त निम्नलिखित में से कौन-से समूह में दिये गये देश म्यांमार के सीमावर्ती हैं?

(a) बांग्लादेश, थाइलैंड और वियतनाम
(b) कम्बोडिया, लाओस और मलेशिया
(c) थाइलैंड, वियतनाम और मलेशिया
(d) थाइलैंड, लाओस और बांग्लादेश

244. निम्नलिखित प्रमुख भारतीय नगरों में से कौन-सा एक सबसे अधिक पूर्व की ओर अवस्थित है?

(a) बंगलूरु (b) हैदराबाद
(c) भोपाल (d) लखनऊ

245. केरल के कई भागों की समुद्रतटीय बालू में निम्नलिखित पदार्थों में से कौन-से पदार्थ पाये जाते हैं?

1. इल्मेनाटइ 2. जिरकॉन
3. सिल्मेनाइट 4. टंगस्टन

नीचे दिये गये कूट का प्रयोग कर सही उत्तर चुनिए-

(a) 1, 2, 3 तथा 4
(b) केवल 1, 2 तथा 3
(c) केवल 3 तथा 4
(d) केवल 1 तथा 2

246. गुरु शिखर पर्वत चोटी कौन-से राज्य में अवस्थित है?

(a) राजस्थान (b) गुजरात
(c) मध्य प्रदेश (d) महाराष्ट्र

247. निम्नलिखित कथनों में से कौन-सा एक कथन सही नहीं है?

(a) महानदी का उद्भव छत्तीसगढ़ के पठार में होता है
(b) गोदावरी नदी का उद्भव महाराष्ट्र में होता है
(c) कावेरी नदी का उद्भव आन्ध्र प्रदेश में होता है
(d) ताप्ती नदी का उद्भव मध्य प्रदेश में होता है।

248. अमरकण्टक में कौन-सी नदी का उद्गम होता है?

(a) दामोदर (b) महानदी
(c) नर्मदा (d) ताप्ती

249. निम्नलिखित राष्ट्रीय राजमार्गों में से कौन-सा एक राजमार्ग महाराष्ट्र, छत्तीसगढ़ और उड़ीसा में से जाता है?

(a) NH–4 (b) NH–5
(c) NH–6 (d) NH–7

250. भारत के निम्नलिखित राज्यों में से किस एक राज्य का जनसंख्या घनत्व सबसे कम है?

(a) हिमाचल प्रदेश
(b) मेघालय
(c) अरुणाचल प्रदेश
(d) सिक्किम

251. चार दक्षिणी राज्य आन्ध्र प्रदेश, कर्नाटक, केरल और तमिलनाडु में से कौन-सा राज्य सबसे अधिक भारतीय राज्यों के साथ सीमावर्ती है?

(a) केवल आन्ध्र प्रदेश
(b) केवल कर्नाटक
(c) आन्ध्र प्रदेश और कर्नाटक में से प्रत्येक
(d) तमिलनाडु और केरल में से प्रत्येक

252. भारत में कितने राज्य तटरेखा से लगे हैं?

(a) 7 (b) 8
(c) 9 (d) 10

253. छत्तीसगढ़ राज्य में निम्नलिखित में से कौन-से खनिज प्राकृतिक रूप में मिलते हैं?

1. बॉक्साइट 2. डोलोमाइट
3. लौह अयस्क 4. टिन

नीचे दिये गये कूट का प्रयोग कर सही उत्तर चुनिए-

(a) केवल 1, 2 और 3

(b) केवल 1 और 3

(c) केवल 2 और 4

(d) 1, 2, 3 और 4

254. तपोवन और विष्णुगढ़ जल-विद्युत परियोजनाएँ कहाँ अवस्थित है?

(a) मध्य प्रदेश   (b) उत्तर प्रदेश

(c) उत्तराखंड   (d) राजस्थान

255. ओंकारेश्वर परियोजना निम्नलिखित नदियों में से किस एक नदी से सम्बद्ध है?

(a) चम्बल   (b) नर्मदा

(c) तापी   (d) भगी

256. निम्नलिखित में से किस राज्य में राष्ट्रीय उद्यानों की संख्या अधिकतम है?

(a) अण्डमान और निकोबार द्वीप समूह

(b) असम

(c) अरुणाचल प्रदेश

(d) मेघालय

257. राजीव गांधी राष्ट्रीय उड़ान संस्थान किस राज्य में स्थापित किया जा रहा है?

(a) कर्नाटक   (b) महाराष्ट्र

(c) केरल   (d) उड़ीसा

258. भारतीय भाषाओं में हिन्दी के बाद विश्व में कौन-सी भाषा अधिकतम बोली जाती है?

(a) तेलुगु   (b) तमिल

(c) बंगला   (d) मलयालम

259. निम्नलिखित में से कौन-सा एक लोक सभा का सर्वाधिक बड़ा निर्वाचन क्षेत्र है?

(a) कांगड़ा   (b) लद्दाख

(c) कच्छ   (d) भीलवाड़ा

260. वर्ष 1953 में जब आन्ध्र राज्य एक अलग राज्य बना, तब उसकी राजधानी कहाँ बनी?

(a) गुंटूर   (b) कर्नूल

(c) नेल्लोर   (d) वारंगल

261. निम्नलिखित राज्यों में से किसमें भारत की सबसे बड़ी अन्तर्देशीय लवणीय आर्द्रभूमि है?

(a) गुजरात   (b) हरियाणा

(c) मध्य प्रदेश   (d) राजस्थान

262. दुलहस्ती पॉवर स्टेशन निम्नलिखित में से किस एक नदी पर स्थापित है?

(a) व्यास   (b) चिनाब

(c) रावी   (d) सतलज

263. निम्नलिखित में से किस नदी का उद्गम स्थल भारत में नहीं है?

(a) व्यास   (b) चिनाब

(c) रावी   (d) सतलज

264. निम्नलिखित कथनों पर विचार कीजिए—

1. भारत में थोरियम के कोई निक्षेप नहीं है।

2. केरल की मोनाजाइट बालुका में यूरेनियम होता है।

उपर्युक्त कथनों में से कौन-सा/से सही है/हैं?

(a) केवल 1

(b) केवल 2

(c) 1 और 2 दोनों

(d) न तो 1 और न ही 2

265. भारत के एनीमल वेलफेयर बोर्ड का मुख्यालय कहाँ पर स्थित है?

(a) अहमदाबाद   (b) चेन्नई

(c) हैदराबाद   (d) कोलकाता

266. वह कौन-सी तिथि/तिथियाँ हैं, जब दोनों गोलार्द्धों में दिन और रात बराबर होते हैं?

(a) 21 जून

(b) 22 दिसम्बर

(c) 21 मार्च और 23 सितम्बर

(d) 21 जून एवं 22 दिसम्बर

267. एन्टीसोल है–
(a) जलोढ़ मिट्टी
(b) काली कपास की मिट्टी
(c) लैटेराइट मिट्टी
(d) लाल मिट्टी

268. 'दण्डकारण्य' प्रदेश स्थित नहीं है–
(a) आन्ध्र प्रदेश (b) छत्तीसगढ़
(c) मध्य प्रदेश (d) उड़ीसा

269. श्रीहरिकोटा द्वीप अवस्थित है निकट-
(a) चिल्का झील के
(b) गोदावरी मुहाने के
(c) महानदी मुहाने के
(d) पुलीकट झील के

270. मध्य प्रदेश का हरसूद नगर निम्नांकित में से किस जलाशय में जलमग्न हुआ है?
(a) बग्गी बाँध
(b) इन्दिरा सागर
(c) रानी अवन्तिबाई बाँध
(d) सरदार सरोवर

271. राणा प्रताप सागर परियोजना है-
(a) एक अणुशक्ति संयन्त्र
(b) एक मछली संरक्षण योजना
(c) एक मछली संरक्षण योजना
(d) एक शिपिंग यार्ड

272. भारत का अग्रगण्य पेट्रोलियम उत्पादक राज्य है–
(a) असम (b) गुजरात
(c) महाराष्ट्र (d) तमिलनाडु

273. निम्नलिखित इस्पात संयन्त्रों में कौन-सा हिन्दुस्तान स्टील लिमिटेड के प्रबन्धन में नहीं है?
(a) भिलाई (b) जमशेदपुर
(c) दुर्गापुर (d) राउरकेला

274. भारत का वह अभयारण्य जिसमें सबसे अधिक हाथियों की संख्या पायी जाती है?
(a) दुधवा (b) काजीरंगा
(c) मानस (d) नन्दा देवी

275. निम्नलिखित में से कौन-सा सुमेलित नहीं है?
(a) बीरहोर-झारखण्ड
(b) अंगामी-नागालैण्ड
(c) टोडा-तमिलनाडु
(d) खासी-मेघालय

276. भारत का वह राज्य जिसमें जिसमें सबसे अधिक शिक्षित बेरोजगारों का प्रतिशत है–
(a) आन्ध्र प्रदेश (b) गुजरात
(c) केरल (d) मणिपुर

277. भारतीय दलहन अनुसंधान संस्थान अवस्थित है–
(a) लखनऊ में (b) कानपुर में
(c) फैजाबाद में (d) वाराणसी में

278. उत्तर से दक्षिण की अवस्थिति के आधार पर भारत के निम्नांकित पत्नों को व्यवस्थित कीजिए–
1. कोच्चि 2. मार्मूगोआ
3. न्यू मंगलौर 4. न्हावाशेवा
सही उत्तर के चयन हेतु निम्नलिखित कूट का चयन करें–
(a) 2, 1, 3, 4 (b) 4, 2, 3, 1
(c) 4, 2, 1, 3 (d) 2, 3, 4, 1

279. भारत में सोयाबीन का अग्रणी उत्पादक है–
(a) छत्तीसगढ़ (b) उत्तर प्रदेश
(c) महाराष्ट्र (d) मध्य प्रदेश

280. एक जनजाति, जो सरहुल त्योहार मनाती है, वह है–
(a) संथाल (b) मुण्डा
(c) भील (d) थारू

281. किसी प्रजाति को विलुप्त माना जा सकता है, जब वह अपने प्राकृतिक आवास में नहीं देखी गयी है–

(a) 15 वर्ष में   (b) 25 वर्ष में
(c) 40 वर्ष में   (d) 50 वर्ष में

282. झूमिंग सर्वाधिक व्यवहृत है–
(a) असम में   (b) आन्ध्र प्रदेश में
(c) नागालैण्ड में (d) मध्य प्रदेश में

283. उत्तरांचल की सबसे बड़ी जनजाति है–
(a) जौनसारी   (b) भोटिया
(c) भोक्सा   (d) थारू

284. कौन-सी जनजाति दीपावली को शोक का त्योहार मनाती है?
(a) खासी   (b) मुण्डा
(c) भील   (d) थारू

285. भारत की जनसंख्या में दशकीय वृद्धि सर्वाधिक रही–
(a) 1951-61 के दौरान
(b) 1961-71 के दौरान
(c) 1971-81 के दौरान
(d) 1991-2001 के दौरान

286. निम्नलिखित में से कौन-सा एक सुमेलित नहीं है?
(a) विहू-असम
(b) ओणम-आन्ध्र प्रदेश
(c) पोंगल-तमिलनाडु
(d) बैसाखी-पंजाब

287. निम्नलिखित में से कौन-सा एक सुमेलित युग्म नहीं है?
(a) जयपुर-गुलाबी नगर
(b) उज्जैन-महाकाल का नगर
(c) कोलकाता-आनन्द का नगर
(d) जैसलमेर-झीलों का नगर

288. निम्नलिखित नदियों में से किनके स्रोत बिन्दु लगभग एक ही हैं?
(a) ब्रह्मपुत्र और गंगा
(b) ताप्ती और व्यास
(c) ब्रह्मपुत्र और सिन्धु
(d) सिन्धु और गंगा

289. निम्नलिखित भारतीय द्वीपों में से कौन-सा द्वीप भारत एवं श्रीलंका के मध्य है?
(a) एलीफैन्टा   (b) निकोबार
(c) रामेश्वरम्   (d) सलसेत

290. नाथुला दर्रा किस राज्य में स्थित है?
(a) अरुणाचल प्रदेश में
(b) असम में
(c) मेघालय में
(d) सिक्किम में

291. भारत का निम्नलिखित में से कौन-सा क्षेत्र उच्च तीव्रता की भूकम्पीय मेखला में नहीं आता है?
(a) उत्तराखण्ड   (b) कर्नाटक पठार
(c) कच्छ   (d) हिमाचल प्रदेश

292. निम्नलिखित भारतीय नदियों में से कौन एस्चुअरी बनाती है?
(a) गोदावरी   (b) कावेरी
(c) ताप्ती   (d) महानदी

293. उत्तर प्रदेश एवं मध्य प्रदेश में संयुक्त 'राजघाट नदी घाटी परियोजना' लागू की गयी है–
(a) केन नदी पर (b) सोन नदी पर
(c) चम्बल नदी पर (d) बेतवा नदी पर

294. भारत के किस राज्य में सर्वाधिक सिंचाई नलकूपों से होती है?
(a) उत्तर प्रदेश   (b) बिहार
(c) मध्य प्रदेश   (d) राजस्थान

295. भारत के किस राज्य में मानूसन का आगमन सबसे पहले होता है?
(a) असम   (b) पश्चिम बंगाल
(c) महाराष्ट्र   (d) केरल

296. सब्जी उत्पादन में भारत का स्थान है–
(a) प्रथम   (b) द्वितीय
(c) चतुर्थ   (d) पंचम

297. भारत के किस प्रदेश में सबसे अधिक जिले हैं?
(a) मध्य प्रदेश (b) महाराष्ट्र
(c) तमिलनाडु (d) उत्तर प्रदेश

298. निम्नलिखित में से कौन-सा 'अनुषंगी नगर' है?
(a) मुरादाबाद (b) हैदराबाद
(c) गाजियाबाद (d) अहमदाबाद

299. निम्नलिखित में से कौन-सा युग्म सुमेलित है?
(a) हल्दिया-उड़ीसा
(b) जामनगर-महाराष्ट्र
(c) नुमालीगढ़-गुजरात
(d) पनानगुडी-तमिलनाडु

300. निम्नलिखित में से कौन-सा क्रम तीन बड़े गेहूँ उत्पादक राज्यों की दृष्टि से सही है?
(a) पंजाब, उत्तर प्रदेश, एवं हरियाणा
(b) उत्तर प्रदेश, हरियाणा, एवं पंजाब
(c) उत्तर प्रदेश, पंजाब, हरियाणा
(d) पंजाब, हरियाणा एवं उत्तर प्रदेश

301. पोर्ट ब्लयेर के समीप की प्रसिद्ध ब्लयेर प्रवाल भित्ति मृत्त हो रही है–
(a) अत्यधिक मत्स्यन के कारण
(b) अत्यधिक जहाजरानी के कारण
(c) भूमण्डलीय ऊष्मन के कारण
(d) लकड़ी के बुरादे के अत्यधिक क्षेपण के कारण

302. भूमध्यरेखा के निकट किस तरह के वन पाये जाते हैं?
(a) पतझड़ी वन
(b) शंकुधारी वन
(c) घासस्थल वन
(d) ऊष्ण कटिबंधीय वन

303. किम्बरेल प्रसिद्ध है–
(a) स्पर्ण खनन के लिए
(b) हीरा के खनन के लिए
(c) इस्पात उद्योग के लिए
(d) ऑटोमोबाइल उद्योग के लिए

304. उत्तर भारत में उप-हिमालय क्षेत्र के सहारे फैले समतल मैदान को कहा जाता है–
(a) तराई (b) दून
(c) खादर (d) भाबर

305. नर्मदा एवं ताप्ती नदियों के मध्य स्थित है?
(a) विंध्य पर्वत
(b) सतपुड़ा श्रेणियाँ
(c) राजमहल पहाड़ियाँ
(d) अरावली पहाड़ियाँ

306. निम्नलिखित में कौन-सा भारत में वाणिज्यिक ऊर्जा का प्रधान स्रोत है?
(a) प्राकृतिक गैस (b) कोयला
(c) खनिज तेल (d) नाभिकीय ऊर्जा

307. सिलवास राजधानी है–
(a) दमन एवं द्वीप की
(b) दादर एवं नगर हवेली की
(c) लक्षद्वीप की
(d) अरुणाचल प्रदेश की

308. भारत में नगरीकरण से-
(a) जन्म दर और मृत्यु दर दोनों घटी है
(b) केवल जन्म दर घटी है, मृत्यु दर नहीं
(c) जन्म दर और मृत्यु दर दोनों बढ़ी है
(d) जन्म दर एवं मृत्यु दर दोनों पर कोई प्रभाव नहीं पड़ा है

309. निम्नलिखित नदी घाटी परियोजनाओं में से किस एक का लाभ एक से अधिक राज्यों को प्राप्त होता है?
(a) चम्बल घाटी परियोजना
(b) मयूराक्षी परियोजना
(c) शाराबती परियोजना
(d) हीराकुंड परियोजना

310. भारतीय राज्यों में सर्वाधिक जनजातीय जनसंख्या है–
(a) असम व त्रिपुरा में
(b) केरल व तमिलनाडु में
(c) मध्य प्रदेश व छत्तीसगढ़ में
(d) उत्तर प्रदेश व उत्तरागढ़ में

311. हाल में केन्द्रीय सरकार ने जिसे राष्ट्रीय नदी का दर्जा देने की घोषणा की है, वह कौन-सी है?
(a) गंगा   (b) गोदावरी
(c) कृष्णा   (d) नर्मदा

312. निम्नांकित युग्मों में कौन-सा सुमेलित नहीं है?

उपज	बृहत्तम उत्पादक
(a) तम्बाकू	आन्ध्र प्रदेश
(b) केला	महाराष्ट्र
(c) आलू	उत्तर प्रदेश
(d) नारियल	केरल

313. वह स्थान, जहाँ केन्द्रीय शुष्क भूमि खेती अनुसंधान संस्थान विद्यमान है, है–
(a) बंगलौर   (b) नई दिल्ली
(c) झांसी   (d) हैदराबाद

314. जिसके लिए चुनार प्रसिद्ध है, वह है–
(a) काँच उद्योग
(b) सीमेंट उद्योग
(c) बीड़ी उद्योग
(d) उपर्युक्त में से कोई नहीं

315. निम्नांकित राज्य समूहों में वह कौन-सा है, जहाँ यात्री रेल डिब्बों का बड़ी मात्रा में निर्माण होता है?
(a) पंजाब और तमिलनाडु
(b) उड़ीसा और पश्चिम बंगाल
(c) तमिलनाडु और पश्चिम बंगाल
(d) पश्चिम बंगाल और पंजाब

316. निम्नलिखित शैल तंत्रों में से कौन भारत के कोयला निचयों का प्रमुख स्रोत है?

(a) धारवाड़ तन्त्र (b) गोंडवाना तन्त्र
(c) कुडप्पा तन्त्र (d) विंध्य तन्त्र

317. कार्डमम पहाड़ियाँ जिनकी सीमाओं पर स्थित हैं, वे हैं–
(a) कर्नाटक एवं तमिलनाडु
(b) कर्नाटक एवं केरल
(c) केरल एवं तमिलनाडु
(d) तमिलनाडु एवं आन्ध्र प्रदेश

318. दामोदर जिसकी सहायक है, वह है–
(a) गंगा   (b) हुगली
(c) पद्म   (d) सुवर्ण रेखा

319. बिसरामपुर जिसके खनन के लिए प्रसिद्ध है, वह है–
(a) ताम्र अयस्क   (b) लौह-अयस्क
(c) कोयला   (d) मैंगनीज

320. नीचे दी गयी सूची से उसे चुनिए जो 'वर्ल्ड हेरिटेज साइट' घोषित हुआ है?
(a) कार्बेट नेशनल पार्क
(b) नन्दा देवी जीवमण्डल रिजर्व
(c) राजाजी नेशनल पार्क
(d) गिर फॉरेस्ट

321. भारत की एक चौथाई से अधिक नगरीय जनसंख्या जिन दो राज्यों में निवास करती है, वे हैं–
(a) आन्ध्र प्रदेश एवं पश्चिम बंगाल
(b) महाराष्ट्र एवं गुजरात
(c) उत्तर प्रदेश एवं तमिलनाडु
(d) महाराष्ट्र एवं उत्तर प्रदेश

322. गरीबी रेखा के नीचे निर्वाह करने वाली जनसंख्या का प्रतिशत अधिकतम है–
(a) बिहार में   (b) मध्य प्रदेश में
(c) उड़ीसा में   (d) उत्तर प्रदेश में

323. भोजपत्र वृक्ष मिलता है–
(a) अरावली पर्वतमाला में
(b) हिमालय में
(c) नीलगिरि में
(d) विंध्याचल पर्वतमाला में

324. भारत में मानव का सर्वप्रथम साक्ष्य कहाँ मिलता है?
(a) नीलगिरि पहाड़ियाँ
(b) शिवालिक पहाड़ियाँ
(c) नल्लमाला पहाड़ियाँ
(d) नर्मदा घाटी

325. लघु हिमालय स्थित है मध्य में–
(a) ट्रांस हिमालय और महान् हिमालय
(b) शिवालिक और महा हिमालय
(c) ट्रांस हिमालय और शिवालिक
(d) शिवालिक और बाह्य हिमालय

326. मन्दाकिनी नदी किस जलप्रवाह अथवा मुख्य नदी से सम्बन्धित है?
(a) अलकनन्दा   (b) भागीरथी
(c) यमुना   (d) धौली गंगा

327. निम्नलिखित में से कौन-सी नदी का स्रोत हिमनदी में नहीं है?
(a) यमुना   (b) अलकनन्दा
(c) कोसी   (d) मन्दाकिनी

328. भागीरथी नदी निकलती है–
(a) गोमुख से   (b) गंगोत्री से
(c) तपोवन से   (d) विष्णु प्रयाग से

329. भारत में ग्रीष्मकालीन मानसून के प्रवाह की सामान्य दिशा है–
(a) दक्षिण से उत्तर
(b) दक्षिण-पश्चिम से दक्षिण-पूर्व
(c) दक्षिण-पूर्व से दक्षिण-पश्चिम
(d) दक्षिण-पश्चिम से उत्तर-पूर्व

330. भारत में निम्नलिखित में से किस भाग में खनिज संसाधनों के सबसे बड़े भण्डार हैं?
(a) पश्चिम में   (b) दक्षिण में
(c) उत्तर में   (d) दक्षिण में

331. भारतीय वन्य जीव संस्थान स्थित है–
(a) नई दिल्ली   (b) शिमला
(c) देहरादून   (d) भोपाल में

332. भारत गणराज्य के उस प्रदेश का नाम बतायें जहाँ शिक्षित बेरोजगारों का प्रतिशत सर्वाधिक है–
(a) केरल   (b) आन्ध्र प्रदेश
(c) मध्य प्रदेश   (d) गुजरात

333. टाइगर राज्य किसे घोषित किया गया है?
(a) राजस्थान   (b) मध्य प्रदेश
(c) उत्तर प्रदेश   (d) जम्मू-कश्मीर

334. भारत के किस राज्य का सर्वाधिक क्षेत्र वन आच्छादित है?
(a) मध्य प्रदेश   (b) उत्तर प्रदेश
(c) हिमाचल प्रदेश (d) असम

335. डायनासोर का काल आज से कितने वर्ष पहले था?
(a) पाँच करोड़ वर्ष पूर्व
(b) अट्ठारह करोड़ वर्ष पूर्व
(c) चालीस करोड़ वर्ष पूर्व
(d) अस्सी करोड़ वर्ष पूर्व

336. तमिलनाडु में मानसून के सामान्य महीने कौन-से हैं?
(a) मार्च-अप्रैल
(b) जून-जुलाई
(c) सितम्बर-अक्टूबर
(d) नवम्बर-दिसम्बर

337. तेजाबी मिट्टी को कृषि योग्य बनाने हेतु निम्नलिखित में से किसका उपयोग किया जा सकता है?
(a) लाइम
(b) जिप्सम
(c) कैल्सियम सुपरफॉस्फेट
(d) वेजिटेबल कॉम्पोस्ट

338. भारत का सुदूर दक्षिण में 'इन्दिरा प्वांइट' निम्नलिखित में से कहाँ स्थित है?
(a) तमिलनाडु
(b) छोटा निकोबार
(c) बड़ा निकोबार
(d) कार निकोबार द्वीप

339. निम्नलिखित में से ताँबा कहाँ पाया जाता है?
(a) केसली (b) दल्ली राजहरा
(c) बैलाडिला (d) मलाजखण्ड

340. भारत में सबसे बड़ा मिट्टी का वर्ग है–
(a) लाल मिट्टी (b) बलुई मिट्टी
(c) काली मिट्टी (d) कछारी मिट्टी

341. भारतीय पशु चिकित्सा अनुसंधान संस्थान कहाँ स्थित है?
(a) लखनऊ
(b) कानपुर
(c) करनाल (हरियाणा)
(d) बरेली

342. भारत में दुग्ध में सर्वाधिक वसा प्रतिशत रखने वाली भैंस की नस्ल है–
(a) मेहसाणा (b) भदावरी
(c) मुर्रा (d) जफराबादी

343. भारत प्राचीन सुपर महाद्वीप गोंडवानालैण्ड का भाग था। इसमें वर्तमान समय का निम्न भू-भाग शामिल था–
(a) दक्षिण अमरीका
(b) अफ्रीका
(c) ऑस्ट्रेलिया
(d) ये सभी

344. अरावली एवं विंध्य शृंखलाओं के मध्य कौन-सा पठार स्थित है?
(a) मालवा का पठार
(b) छोटा नागपुर का पठार
(c) दक्कन का पठार
(d) प्रायद्वीपीय पठार

345. भारत के किस प्रदेश की सीमाएँ तीन देशों क्रमशः नेपाल, भूटान एवं चीन से मिलती है?
(a) अरुणाचल प्रदेश
(b) मेघालय
(c) पश्चिम बंगाल
(d) सिक्किम

346. कौन-सा महत्त्वपूर्ण अक्षांश भारत को दो लगभग बराबर भागों में विभाजित करता है?
(a) 23°30' उत्तर (b) 23°30' दक्षिण
(c) 33°30' उत्तर (d) 0°

347. भारत का सुदूर पश्चिम का बिन्दु है–
(a) 68°7' पश्चिम, गुजरात में
(b) 68°7' पश्चिम, राजस्थान में
(c) 68°7' पूर्व, गुजरात में
(d) 68°7' पूर्व, राजस्थान में

348. निम्न में से कौन-सी नदी यमुना नदी से नहीं मिलती है?
(a) सोन (b) केन
(c) चम्बल (d) बेतवा

349. निम्नलिखित में से कौन-सा विकल्प अन्य तीन से भिन्न है?
(a) हेमेटाइट (b) मैग्नेटाइट
(c) लिमोनाइट (d) बॉक्साइट

350. एक सींग वाला गैंडा निम्नलिखित प्रदेशों में पाया जाता है?
(a) अरुणाचल प्रदेश एवं त्रिपुरा
(b) पश्चिम बंगाल एवं असम
(c) अरुणाचल प्रदेश एवं असम
(d) पश्चिम बंगाल एंव त्रिपुरा

351. गिर के शेरों को रखे जाने हेतु किस राष्ट्रीय पार्क/अभयारण्य का चयन किया गया है?
(a) पेंच (b) कान्हा
(c) बाँधवगढ़ (d) पालपुर कूनो

352. इस भूमि को सिंचाई की कम आवश्यकता होती है, क्योंकि वह पानी बचाती है, यह कौन-सी है?
(a) लाल (b) काली
(c) लैटेराइट (d) जलोढ़

353. भारत के अन्तर्गत........ द्वीप है–
    (a) 204 (b) 226
    (c) 236 (d) 247

354. बांग्लादेश की सीमा से लगे भारत के राज्य हैं–
    (a) पश्चिम बंगाल, नागालैण्ड, असम, मेघालय
    (b) नागालैण्ड, असम, सिक्किम, पश्चिम बंगाल
    (c) मेघालय, असम, पश्चिम बंगाल, त्रिपुरा
    (d) नागालैण्ड, असम, पश्चिम बंगाल, मणिपुर

355. राष्ट्रीय मार्ग क्रम 4 निम्नलिखित से होकर जाता है–
    (a) तमिलनाडु, आन्ध्र प्रदेश, कनार्टक, गोवा
    (b) गोवा, कर्नाटक, तमिलनाडु, केरल
    (c) महाराष्ट्र, गोवा, कर्नाटक, करेल
    (d) महाराष्ट्र, आन्ध्र प्रदेश, कर्नाटक, तमिलनाडु

356. निम्नलिखित में से कौन-सी जोड़ी सुमेलित है?
    (a) लोकटक-मणिपुर
    (b) उदय सागर-आन्ध्र प्रदेश
    (c) डिडवाना-हरियाणा
    (d) कोलेरू-उड़ीसा

357. भारत का प्रथम तितली उद्यान कहाँ पर स्थित है?
    (a) बन्नरघट्टा जैविकी उद्यान बंगलुरु
    (b) राष्ट्रीय पशु उद्यान, कोलकाता
    (c) काजीरंगा राष्ट्रीय उद्यान
    (d) उपर्युक्त में से कोई नहीं

358. भारतीय प्रमाणिक समय एवं ग्रीनविच माध्य समय में अन्तर पाया जाता है–
    (a) $+4\frac{1}{2}$ घंटा (b) $+5\frac{1}{2}$ घंटा
    (c) $-5\frac{1}{2}$ घंटा (d) $-4\frac{1}{2}$ घंटा

359. लक्षद्वीप में कितने द्वीप हैं?
    (a) 17 (b) 27
    (c) 36 (d) 47

360. शुष्क भूमि के लिए सर्वाधिक उचित फसल कौन-सी है?
    (a) गन्ना (b) जूट
    (c) गेहूँ (d) मूँगफली

361. झारखण्ड का लौह-अयस्क उत्पादन में सर्वाधिक महत्त्वपूर्ण जिला कौन-सा है?
    (a) सिंहभूम (b) हजारीबाग
    (c) धनबाद (d) डाल्टनगंज

362. कौन-सा प्रमुख उद्योग मुरी में स्थापित है?
    (a) एल्युमिनियम उद्योग
    (b) ताँबा उद्योग
    (c) इस्पात उद्योग
    (d) रसायन उद्योग

363. भारत में कुल कितने राष्ट्रीय मार्ग है और उनकी कुल लम्बाई तकरीबन कितनी है?
    (a) 34 और 16,000 किमी
    (b) 44 और 24,000 किमी
    (c) 54 और 32,000 किमी
    (d) 64 और 40,000 किमी

364. भारत के कुल भौगोलिक क्षेत्र में वन क्षेत्र का क्या प्रतिशत है?
    (a) 20.7 प्रतिशत (b) 21.7 प्रतिशत
    (c) 22.7 प्रतिशत (d) 23.7 प्रतिशत

365. भारत के किस राज्य में सर्वाधिक जनसंख्या घनत्व पाया जाता है?
    (a) दिल्ली (b) पश्चिम बंगाल
    (c) केरल (d) उत्तर प्रदेश

366. गुजरात की राजधानी कौन-सी है?

(a) गोधरा (b) बड़ोदरा
(c) गांधीनगर (d) अहमदाबाद

367. असम कुल मिलाकर कितने राज्यों एवं केन्द्र शासित प्रदेशों में घिरा हुआ है?

(a) 6 (b) 7
(c) 8 (d) 9

368. किस राज्य की अन्य देशों से भौगोलिक सीमाएँ नहीं जुड़ी हैं?

(a) राजस्थान (b) पंजाब
(c) बिहार (d) हरियाणा

369. हिमालय काटकर एवं बहकर आने वाली नदियाँ हैं–

(a) सतलज, सिन्धु, गंगा
(b) ब्रह्मपुत्र, सतलज, सिन्धु
(c) ब्रह्मपुत्र, सिन्धु, गंगा
(d) सतलज, ब्रह्मपुत्र, यमुना

370. भारत डाइनामाइट लिमिटेड केन्द्र कहाँ स्थित है?

(a) कोलकाता (b) हैदराबाद
(c) चेन्नई (d) दिल्ली

371. भारत में ताम्र-स्वर्ण-लौह-कोयला निम्नलिखित में से किस वर्ग के स्थानों से क्रमबद्ध है?

(a) खेतड़ी, कोलार, कुद्रेमुख, झरिया
(b) कोलार, खेतड़ी, कुद्रेमुख, झरिया
(c) झरिया, कोलार, कुद्रेमुख, खेतड़ी
(d) खेतड़ी, कुद्रेमुख, कोलार, झरिया

372. भारत में जनसंख्या वृद्धि के इतिहास में कौन-सा वर्ष 'महविभाजन का वर्ष' कहलाता है?

(a) वर्ष 1951 (b) वर्ष 1991
(c) वर्ष 2001 (d) वर्ष 1921

373. भारत की सर्वाधिक वर्षा मुख्यत: प्राप्त होती है–

(a) उत्तर-पूर्वी मानसून से
(b) वापस होती मानसून से
(c) दक्षिण-पूर्वी मानसून से
(d) संवाहनिक वर्षा से

374. नेवल एअर स्टेशन 'गरुड़' कहाँ पर स्थित है?

(a) नई दिल्ली (b) कोच्चि
(c) चेन्नई (d) देहरादून

375. भारत का 40 प्रतिशत सड़क परिवहन होता है–

(a) राष्ट्रीय राजमार्ग से
(b) राजकीय मार्ग से
(c) जिला मार्ग से
(d) ग्रामीण सड़कों से

376. रेल मंत्रालय ने 'विलेज ऑन व्हील्स' नामक परियोजना शुरु करने की घोषणा किस वर्ष की थी?

(a) 2004 में (b) 2005 में
(c) 2006 में (d) 2007 में

377. भील जाति कहाँ पायी जाती है?

(a) महाराष्ट्र (b) असम
(c) पश्चिम बंगाल (d) झारखण्ड

378. क्षेत्रफल के क्रम में भारत के तीन बड़े राज्य हैं–

(a) राजस्थान, मध्य प्रदेश, महाराष्ट्र
(b) मध्य प्रदेश, राजस्थान, महाराष्ट्र
(c) महाराष्ट्र, राजस्थान, मध्य प्रदेश
(d) मध्य प्रदेश, महाराष्ट्र, राजस्थान

379. अण्डमान निकोबार द्वीप समूह में द्वीपों की संख्या कितनी है?

(a) 200 (b) 240
(c) 220 (d) 250

380. भारतीय मानक समय एवं ग्रीनविच माध्य समय के बीच कितने समय का अन्तर है?

(a) –3 घंटे 30 मिनट
(b) –50 घंटे
(c) +5 घंटे 30 मिनट
(d) + घंटे 30 मिनट

381. भारत की तटरेखा की कुल लम्बाई लगभग है?
(a) 3,500 किमी० (b) 8,000 किमी०
(c) 6,000 किमी० (d) 9,500 किमी०

382. ब्रह्मपुत्र नदी तिब्बत में किस नाम से जानी जाती है?
(a) पद्मा (b) चकमुडुग
(c) हीमजुग (d) सांग्पो

383. निम्नलिखित में कौन-सी नदी एश्चुअरी नहीं बनाती है?
(a) महानदी (b) ताप्ती
(c) माण्डवी (d) नर्मदा

384. भारत का 90% अभ्रक झारखण्ड में पाया जाता है–
(a) करैया (b) झिबारो
(c) रूबी वैराइटी (d) हुरा

385. निम्नलिखित में से कौन-सा बादल अत्यधिक तीव्र वर्षा के लिए उत्तरदायी है?
(a) कपासी (b) कपासी वर्षा
(c) वर्षा स्तरी (d) पक्षाम स्तरी

386. हिमालय की श्रेणी में कौन प्राचीनतम है?
(a) वृहत् हिमालय श्रेणी
(b) निम्न हिमालय
(c) धौलाधार श्रेणी
(d) शिवालिक श्रेणी

387. भारत में आप्लावी वन कहाँ पाये जाते हैं?
(a) अण्डमान
(b) हिमालय के दक्षिणी ढाल
(c) सुन्दर वन
(d) अरावली

388. भारत में कौन-सी मृदा प्रारूप लोहे की अतिरेक होने के कारण बंजर होता जा रहा है?
(a) मरुस्थलीय बालू
(b) जलोढ़
(c) राख
(d) लैटेराइट

389. करेरा अभयारण्य है–
(a) उत्तर प्रदेश (b) मध्य प्रदेश
(c) राजस्थान (d) महाराष्ट्र

390. जिस महासागर से 'सारगैसो' सम्बन्धित है, वह है–
(a) 91° उत्तर (b) 45° पूर्व
(c) 40° दक्षिण (d) 91° पश्चिम

391. चिल्का झील जहाँ स्थित है, वह है–
(a) कर्नाटक तट
(b) मालाबार तट
(c) कोंकण तट
(d) उत्तरी सरकार तट

392. जो नदी शेष अन्य से नदी भिन्न है, वह है–
(a) महानदी (b) नर्मदा
(c) ताप्ती (d) सिन्धु

393. जिस दिशा में अरावली श्रेणियों की चौड़ाई बढ़ती जाती है, वह है–
(a) पंजाब-तमिलनाडु
(b) उत्तर-पूर्व से दक्षिण-पश्चिम
(c) पश्चिम से पूर्व
(d) दक्षिण-पश्चिम से उत्तर-पूर्व

394. भारत में शरदकालीन वर्षा के क्षेत्र हैं–
(a) उड़ीसा, कर्नाटक
(b) पंजाब, तमिलनाडु
(c) अरुणाचल प्रदेश, बिहार
(d) तमिलनाडु, कर्नाटक

395. भारत में सबसे प्राचीन पर्वत शृंखला है–
(a) अरावली (b) विंध्य
(c) सतपुड़ा (d) हिमालय

396. भारत का कौन-सा राज्य है, जिसका वन आच्छादित क्षेत्रफल सर्वाधिक है?
(a) मध्य प्रदेश (b) पश्चिम बंगाल
(c) केरल (d) असम

397. उपग्रह सर्वेक्षण से एकत्रित आँकड़ों के अनुसार भारत के क्षेत्रफल का कितना प्रतिशत वनों से ढका है?
(a) 32   (b) 28
(c) 19   (d) 15

398. निम्नलिखित में से किस राज्य के वनों का वर्गीकरण अर्द्ध-उष्णकटिबन्धीय के रूप में किया जाता है?
(a) केरल   (b) मध्य प्रदेश
(c) तमिलनाडु   (d) कर्नाटक

399. भारत की जनसंख्या की लगभग कितने प्रतिशत शहरी आबादी है?
(a) 36   (b) 27
(c) 20   (d) 14

400. हिन्दी भाषी भारतीयों का प्रतिशत लगभग कितना है?
(a) 50   (b) 45
(c) 40   (d) 35

401. पाराद्वीप का विकास जिन बन्दरगाहों का भार कम करने के लिए किया गया था, वे हैं–
(a) कोलकाता, विशाखापत्तनम
(b) मुम्बई, कोचीन
(c) कोलकाता, मुम्बई
(d) चेन्नई, विशाखापत्तनम

402. नेपाल के पड़ोसी भारतीय राज्यों का युग्म है–
(a) सिक्किम, भूटान
(b) सिक्किम, बिहार
(c) असम, बिहार
(d) उत्तर प्रदेश, हरियाणा

403. अधिकृत अनुमानों के अनुसार भारतीय जनसंख्या का लगभग कितना प्रतिशत गरीबी रेखा के नीचे निवास कर रहा है?
(a) 18   (b) 26
(c) 29   (d) 31

404. भारत के जिस राज्य में उसके क्षेत्रफल का अधिकतम प्रतिशत राष्ट्रीय उद्यानों के अन्तर्गत है, वह है–
(a) उत्तर प्रदेश   (b) त्रिपुरा
(c) सिक्किम   (d) बिहार

405. भारत में कौन-सी भाषा सबसे अधिक बोली जाती है?
(a) बंगाली   (b) मराठी
(c) उर्दू   (d) पंजाबी

406. उत्तर प्रदेश के पश्चात् निम्नलिखित में से किस राज्य की जनसंख्या सर्वाधिक है?
(a) पश्चिम बंगाल   (b) बिहार
(c) आन्ध्र प्रदेश   (d) महाराष्ट्र

407. भारत के किस राज्य में महिला साक्षरता न्यूनतम है?
(a) बिहार
(b) जम्मू एवं कश्मीर
(c) राजस्थान
(d) उड़ीसा

408. 'नेशनल स्कूल ऑफ डिजाइन' कहां स्थित है?
(a) पुणे   (b) दिल्ली
(c) बंगलूरु में   (d) अहमदाबाद

409. 'टाटा इंस्टीट्यूट ऑफ फन्डामेंटल रिसर्च' कहाँ पर स्थित है?
(a) मुम्बई   (b) कोलकाता
(c) बंगलूरु   (d) दिल्ली

410. कौन-से भारतीय राज्य की अधिकतम सीमा म्यांमार से स्पर्श करती है?
(a) मणिपुर
(b) अरुणाचल प्रदेश
(c) मिजोरम
(d) नागालैण्ड

411. विश्व के जल संसाधनों का लगभग जितना प्रतिशत भारत में उपलब्ध है, वह है–
(a) 4   (b) 1.5
(c) 11   (d) 7.9

412. विश्व की सबसे पुरानी व विकसित नहर व्यवस्था भारत में कौन-सी है?
(a) गंगा नहर (b) सिकरी नहर
(c) इन्दिरा गांधी नहर परियोजना
(d) कृष्णा गोदावरी नहर व्यवस्था

413. सेतुसमुद्रम परियोजना में नौपरिवहन नहर की लम्बाई कितनी है?
(a) 166 किलोमीटर
(b) 167 किलोमीटर
(c) 168 किलोमीटर
(d) 169 किलोमीटर

414. निम्नलिखित में से कौन-सी नदी प्रायद्वीपीय पूर्वी भारत की नदी है?
(a) तापी (b) नर्मदा
(c) माही (d) ब्राह्मणी

415. भारत में सबसे अधिक क्षमता का परमाणु ऊर्जा संयंत्र है-
(a) रावत भाटा (b) कुडानकुलम
(c) कलपक्कम (d) तारापुर

416. 9 डिग्री चैनल स्थित है-
(a) अण्डमान निकोबार में
(b) लक्षद्वीप में
(c) लक्षद्वीप एवं मालदीव में
(d) अण्डमान निकोबार एवं इण्डोनेशिया के बीच में

417. भारत में किस नदी का बेसिन क्षेत्र अधिकतम है?
(a) गंगा (b) ब्रह्मपुत्र
(c) यमुना (d) गोदावरी

418. निम्नलिखित में कौन-से हिमानी तथा उनकी स्थिति सुमेलित नहीं है?
(a) गंगोत्री-उत्तराखण्ड
(b) जेमु-सिक्किम
(c) चोगो लुंग्मा-तिब्बत
(d) सियाचिन-काराकोरम

419. भारत की सबसे पुरानी तेल रिफाइनरी है-
(a) ट्राम्बे (b) बोगाईगांव
(c) बरौनी (d) डिग्बोई

420. निम्नलिखित में से भारतीय मानसून से सम्बन्धित नहीं है-
(a) मोनेक्स
(b) जेट स्ट्रीम
(c) बाकर कोशिकाएँ
(d) उपर्युक्त में से कोई नहीं

421. 'सियाल', 'सिमा' और 'निफे' की पहचान की परिकल्पना किसकी है?
(a) डेली (b) स्पेस
(c) ऑर्थर होम (d) जेफ्री

422. कोपेन द्वारा दी गयी जलवायु योजना के आधार पर भारत को कितने जलवायु क्षेत्रों में विभाजित किया गया है?
(a) 10 (b) 12
(c) 9 (d) 15

423. निम्नलिखित में से किस समूह की भाषा को भारत में सबसे अधिक लोग बोलते हैं?
(a) भारतीय - आर्य
(b) द्रविड़
(c) आस्ट्रो-एशियाटिक
(d) चीन-तिब्बती

424. निम्नलिखित में से कौन-सी नदी का उद्गम भारत में नहीं है?
(a) कावेरी (b) नर्मदा
(c) ब्रह्मपुत्र (d) गंगा

425. राष्ट्रीय जलमार्ग संख्या-1 है-
(a) सैदिया-धुबरी
(b) इलाहाबाद-हल्दिया
(c) कोट्टापुरम्-कोल्लम
(d) कोचीन-अलेप्पी

426. पालघाट कौन-से भारतीय राज्यों को जोड़ता है?
(a) अरुणाचल प्रदेश एवं सिक्किम
(b) महाराष्ट्र एवं गुजरात
(c) केरल एवं तमिलनाडु
(d) सिक्किम एवं पश्चिम बंगाल

427. पश्चिमी घाट को किस नाम से भी पुकारा जाता है?
(a) शिवालिक श्रेणी
(b) विंध्याचल श्रेणी
(c) सहाद्रि श्रेणी
(d) अजन्ता श्रेणी

428. हिमालय पर्वत की उत्पत्ति किस काल में हुई थी?
(a) टर्शियरी (b) कारबोनीफेरस
(c) पैलियोजोइक (d) मेसोजोइक

429. निम्नलिखित नदियों में से किस एक से कुरनूल-कुडप्पा नहर निकाली गयी है?
(a) कावेरी (b) पेन्नेरू
(c) पलार (d) तुंगभद्रा

430. कोरोमण्डल तट पर सर्वाधिक वर्षा होती है-
(a) पश्चिमी विक्षोभ से
(b) दक्षिणी-पश्चिमी मानसून से
(c) उत्तरी-पूर्वी मानसून से
(d) स्थानीय पवनों से

431. निम्नलिखित में से कौन-सा कथन सही नहीं है?
(a) मलिन बस्तियों को चेन्नई में 'चेरी' कहते हैं
(b) मलिन बस्तियों को कोलकाता में 'झोपड़-पट्टी' कहते हैं
(c) मलिन बस्तियों को मुम्बई में 'चाल' कहते हैं
(d) मलिन बस्तियों को दिल्ली में 'झुग्गी-झोपड़ी' कहते हैं

432. भारत के पूर्वी तट पर स्थित पत्तन-
(a) कांडला और हल्दिया
(b) हल्दिया और कोचीन
(c) पारादीप और कांडला
(d) पारादीप और हल्दिया

433. जोजी-ला दर्रा जोड़ता है-
(a) श्रीनगर और लेह को
(b) अरुणाचल प्रदेश और तिब्बत को
(c) चंबा और स्पिती को
(d) कालिम्पांग और ल्हासा को

434. भारत की प्रमुख वाणिज्य फसलें है-
(a) कपास, दालें, जूट और तिलहन
(b) कपास, तिहलर, जूट और गन्ना
(c) चाय, रबर, तम्बाकू और जूट
(d) आलू, चाय, तम्बाकू और कपास

435. भारत का निम्नलिखित में से कौन-सा तट प्रचंड उष्णकटिबंधीय चक्रवातों से सर्वाधिक दुष्प्रभावित है?
(a) आन्ध्र (b) मालाबार
(c) कोंकण (d) गुजरात

436. देश का आधे से अधिक उत्पादित चावल जिन चार राज्यों से प्राप्त होता है, वह है-
(a) पश्चिम बंगाल, पंजाब, तमिलनाडु तथा उड़ीसा
(b) पश्चिम बंगाल, उत्तर प्रदेश, पंजाब तथा आन्ध्र प्रदेश
(c) उत्तर प्रदेश, पश्चिम बंगाल, छत्तीसगढ़ तथा असम
(d) पंजाब, आन्ध्र प्रदेश, बिहार तथा उड़ीसा

437. सर्वशिक्षा अभियान है-
(a) 3-10 आयु वर्ग के सभी बच्चों हेतु
(b) 4-8 आयु वर्ग के सभी बच्चों हेतु
(c) 5-15 आयु वर्ग के सभी बच्चों हेतु
(d) 6-14 आयु वर्ग के सभी बच्चों हेतु

438. कार्डमम पहाड़ियाँ जिन राज्यों की सीमाओं पर स्थित हैं, वह है–
(a) कर्नाटक एवं तमिलनाडु
(b) कर्नाटक एवं केरल
(c) केरल एवं तमिलनाडु
(d) तमिलनाडु एवं आन्ध्र प्रदेश

439. भारत के पश्चिमी तट में भारी वर्षा, लेकिन दक्षिणी पठार में बहुत कम वर्षा क्यों होती है?
(a) दक्षिणी पठार, पश्चिमी घाट के लीवार्ड की तरफ स्थित है।
(b) दक्षिण-पश्चिम मानसून इस क्षेत्र के बाहर से गुजर जाता है।
(c) दक्षिण पठार में ऊँचे पर्वतों का अभाव है।
(d) वहाँ कमजोर निम्न दाब पट्टी है।

440. निम्नलिखित नदी बेसिनों में से किसका क्षेत्रफल सर्वाधिक है?
(a) नर्मदा नदी बेसिन का
(b) महानदी नदी बेसिन का
(c) गोदावरी नदी बेसिन का
(d) गोदावरी नदी बेसिन का

441. भारत में अरावली पर्वत का निर्माण हुआ था-
(a) कैलिडोनियन युग में
(b) मेसोजाइक युग में
(c) टर्शियरी युग में
(d) हसीनियन युग में

442. निम्नलिखित में से कौन-सा एक भारत के सबसे दक्षिणी स्थान को इंगित करता है?
(a) कन्याकुमारी   (b) नगर कोइल
(c) इंदिरा पॉइंट   (d) रामेश्वरम्

443. निम्नलिखित में से कौन-सी एक वर्षा श्रेणी भारतीय उष्णकटिबंधीय वनों के लिए उपयुक्त है?
(a) 200 सेमी से अधिक
(b) 100 सेमी से 200 सेमी
(c) 50 सेमी से 100 सेमी
(d) 50 सेमी से कम

444. भारत में दो अग्रगण्य कोयला उत्पादक राज्य है–
(a) झारखण्ड तथा छत्तीसगढ़
(b) झारखण्ड तथा उड़ीसा
(c) छत्तीसगढ़ तथा मध्य प्रदेश
(d) मध्य प्रदेश तथा आन्ध्र प्रदेश

445. कुल भौगोलिक क्षेत्रफल के सन्दर्भ में वनों का उच्चतम प्रतिशत मिलता है–
(a) अरुणाचल प्रदेश में
(b) नागालैण्ड में
(c) त्रिपुरा में
(d) मिजोरम में

446. निम्नलिखित में से कौन सबसे नवीन पर्वत श्रेणी है?
(a) विंध्य   (b) अरावली
(c) शिवालिक   (d) अनाईमलाई

447. भारत में संकार्य जोतों का सबसे बड़ा औसत आकार है–
(a) मध्य प्रदेश में (b) पंजाब में
(c) गुजरात में   (d) राजस्थान में

448. भारत का एकमात्र प्रसुप्त ज्वालामुखी कहाँ स्थित है?
(a) लक्षद्वीप
(b) अण्डमान निकोबार
(c) दमन-दीव
(d) पोरबन्दर

449. सूची-I को सूची-II के साथ सुमेलित कीजिए तथा सूचियों के नीचे दिये गये कूट का प्रयोग कर सही उत्तर चुनिए–

सूची-I (कोयला क्षेत्र)	सूची-II (सम्बन्धित राज्य)
A. कर्णपुरा	1. झारखण्ड
B. सिंगरौली	2. मध्य प्रदेश
C. सिंगरैनी	3. आन्ध्र प्रदेश
D. कोरबा	4. छत्तीसगढ़

कूट :	A	B	C	D
(a)	1	2	3	4
(b)	1	4	3	2
(c)	2	1	4	3
(d)	2	1	3	4

450. सूची-I का सूची-II के साथ सुमेलित कीजिए तथा सूचियों के नीचे दिये गये कूट का प्रयोग कर सही उत्तर चुनिए-

सूची-I (खनिज पदार्थ)	**सूची-II (खनिज क्षेत्र)**
A. ग्रेफाइट	1. बेलारी
B. सीसा	2. डीड़वाना
C. लवण	3. रम्पा
D. चांदी	4. जावर

कूट :	**A**	**B**	**C**	**D**
(a)	3	4	2	1
(b)	1	4	2	3
(c)	3	1	4	2
(d)	2	3	1	4

451. निम्नलिखित को सुमेलित कीजिए-

सूची-I	**सूची-II**
A. मैंगनीज	1. उड़ीसा
B. एस्बेस्टस	2. मध्य प्रदेश
C. निकेल	3. राजस्थान
D. जस्ता	4. आन्ध्र प्रदेश

कूट :	**A**	**B**	**C**	**D**
(a)	1	2	3	4
(b)	4	3	2	1
(c)	3	4	1	2
(d)	2	4	1	3

452. निम्नलिखित को सुमेलित कीजिए–

सूची-I	**सूची-II**
A. मैंगनीज	1. बालाघाट
B. लौह-अयस्क	2. बस्तर
C. बॉक्साइट	3. माण्डला
D. कोयला	4. शहडोल

कूट :	**A**	**B**	**C**	**D**
(a)	1	2	3	4
(b)	2	3	4	1
(c)	3	4	1	2
(d)	4	1	2	3

453. भारत की सबसे महत्त्वपूर्ण यूरेनियम खान कहाँ स्थित है?
(a) मनावलकुरिची (b) गौरीविदनूर
(c) वाथी (d) जादूगोड़ा

454. सिंहभूम (झारखण्ड) किसके लिए प्रसिद्ध है?
(a) कोयला (b) लोहा
(c) तांबा (d) ऐलुमिनियम

455. झरिया कोयला की खानें देश के किस राज्य में है?
(a) आन्ध्र प्रदेश (b) पश्चिम बंगाल
(c) झारखण्ड (d) उडीसा

456. बैलाडिला किसके लिए प्रसिद्ध है?
(a) बॉक्साइट (b) लौह-अयस्क
(c) ताँबा (d) कोयला

457. खेतड़ी किसके लिए प्रसिद्ध है?
(a) सोना (b) ताँबा
(c) ऐलुमिनियम (d) उर्वरक

458. भारत में यूरेनियम खदान कहाँ स्थित है?
(a) अल्वाय (b) जादूगोड़ा
(c) खेतड़ी (d) सिंहभूम

459. भारत में अंकलेश्वर किसके उत्पादन के लिए जाना जाता है?
(a) कोयला (b) यूरेनियम
(c) लौह-अयस्क (d) पेट्रोलियम

460. भारत में खनिज तेल के भण्डार मुख्यत: किस प्रकार की चट्टानों में पाये जाते हैं?
(a) आग्नेय (b) अवसादी
(c) कायान्तरित (d) इनमें से सभी

461. भारत में खनिज तेल का उत्पादन सर्वप्रथम प्रारम्भ किया गया था–
(a) मुम्बई हाई में (b) अंकलेश्वर में
(c) नहरकरिया में (d) डिग्बोई में

462. तेल एवं प्राकृतिक आयोग (ONGC) की स्थापना कब हुई?
(a) 1856 ई० (b) 1914 ई०
(c) 1936 ई० (d) 1956 ई०

463. काइकालूर खनिज तेल क्षेत्र किस नदी घाटी क्षेत्र में स्थित है?
(a) कृष्णा-गोदावरी
(b) नर्मदा-तापी
(c) गंगा-ब्रह्मपुत्र
(d) कृष्णा-कावेरी

464. निम्नलिखित में कौन-सा खनिज तेल क्षेत्र गुजरात राज्य में स्थित नहीं है?
(a) अंकलेश्वर (b) कलोल
(c) मेहसाना (d) बदरपुर

465. मंगला नामक तेल कुआँ किस राज्य में स्थित है?
(a) असम (b) गुजरात
(c) राजस्थान (d) महाराष्ट्र

466. डीजल लोकोमोटिव कारखाना कहां स्थित है?
(a) चित्तरंजन (b) पेरम्बूर
(c) वाराणसी (d) कपूरथला

467. भारत में प्रथम सूती कपड़े का कारखाना कहाँ स्थापित हुआ था?
(a) सूरत (b) मुंबई
(c) अहमदाबाद (d) सूरत

468. प्रथम तेल परिष्करण संयंत्र कहाँ स्थापित हुआ था?
(a) बरौनी (b) डिग्बोई
(c) विशाखापत्तनम (d) मुम्बई

469. सबसे बड़ा तेलशोधक कारखाना पाया जाता है–
(a) पोरबन्दर (b) जामनगर
(c) अहमदाबाद (d) सूरत

470. भारत का प्रथम स्टील प्रोजेक्ट शहर स्थापित किया गया–
(a) भिलाई (b) कोलकाता
(c) जमशेदपुर (d) बोकारो

471. पिम्परी सम्बन्धित है–
(a) इस्पात उद्योग
(b) कागज उद्योग
(c) खाद उद्योग
(d) पेन्सिलीन उद्योग

472. बिहार में पहली चीनी मिल स्थापित हुई–
(a) मरहौरा में (b) बेतिया में
(c) मोतिहारी में (d) पटना में

473. भारत में रेलमार्ग का सबसे सघन जाल किस प्रदेश में पाया जाता है?
(a) महाराष्ट्र (b) मध्य प्रदेश
(c) उत्तर प्रदेश (d) राजस्थान

474. देश की सबसे तेज चलने वाली रेलगाड़ी है–
(a) राजधानी एक्सप्रेस
(b) शताब्दी एक्सप्रेस
(c) जनशताब्दी एक्सप्रेस
(d) गतिमान एक्सप्रेस

475. भारत और पाकिस्तान के बीच चलने वाली रेलगाड़ी का नाम है–
(a) सद्भावना एक्सप्रेस
(b) समझौता एक्सप्रेस
(c) रॉयल ओरिएण्ट एक्सप्रेस
(d) सदा-ए-सरहद

476. कोंकण रेलमार्ग की कुल लम्बाई है–
(a) 650 किमी० (b) 710 किमी०
(c) 760 किमी० (d) 860 किमी०

477. कोंकण रेलमार्ग किन-किन राज्यों से होकर गुजरती है?
(a) केरल, कर्नाटक, तमिलनाडु
(b) केरल, कर्नाटक, महाराष्ट्र
(c) महाराष्ट्र, कर्नाटक, गोवा, केरल
(d) महाराष्ट्र, गोवा, तमिलनाडु

478. भारत में प्रथम विद्युत ट्रेन कब चली?
(a) 1925 (b) 1526
(c) 1927 (d) 1928

479. भारत की प्रथम विद्युत् संचालित रेलगाड़ी थी–
(a) डक्कन क्वीन (b) फेयरीक्वीन
(c) नाइट क्वीन (d) हेवेनक्वीन

480. मुण्डा जनजाति कहाँ निवास करती है?
(a) बिहार (b) झारखण्ड
(c) मध्य प्रदेश (d) उड़ीसा

481. गद्दी लोक निवासी है–
(a) मध्य प्रदेश की
(b) हिमाचल प्रदेश की
(c) अरुणाचल प्रदेश की
(d) मेघालय की

482. बोडो निवासी हैं–
(a) गारी पहाड़ी के
(b) संथाल परगना के
(c) अमेजन बेसिन के
(d) मध्य प्रदेश के

483. निम्नलिखित में से कौन जनजाति मौसमी प्रवास से सम्बन्धित है?
(a) थारु (b) भोटिया
(c) जौनसारी (d) भोक्सा

484. भारत में प्रथम रेलवे लाइन किसके शासनकाल में बिछायी गयी?
(a) लॉर्ड केनिंग (b) लॉर्ड कर्जन
(c) लॉर्ड डलहौजी (d) लॉर्ड बैंटिक

485. निम्नलिखित में से किस क्षेत्र को भारत के चावल का कटोरा कहा जाता है?
(a) उत्तर-पूर्व क्षेत्र
(b) इण्डो-गांगेय क्षेत्र
(c) कृष्णा-गोदावरी डेल्टा
(d) केरल तथा तमिलनाडु

486. भारत में सर्वोत्तम चाय कहाँ पैदा होती है?
(a) जोरहाट (b) नीलगिरि
(c) कूच बिहार (d) दार्जिलिंग

487. भारत में स्वच्छ जलीय मछली का सबसे बड़ा उत्पादक राज्य है–
(a) महाराष्ट्र (b) तमिलनाडु
(c) पश्चिम बंगाल (d) केरल

488. गुलाबी क्रान्ति का सम्बन्ध किससे है?
(a) टमाटर उत्पादन
(b) झींगा उत्पादन
(c) मांस उत्पादन
(d) खाद्यान उत्पादन

489. गोल क्रांति का सम्बन्ध किससे है?
(a) टमाटर उत्पादन (b) आलू उत्पादन
(c) अंडा उत्पादन (d) रालमन उत्पादन

490. भारत का सर्वाधिक पटसन उत्पादक राज्य है–
(a) आन्ध्र प्रदेश (b) बिहार
(c) पश्चिम बंगाल (d) तमिलनाडु

491. निम्नलिखित में से वह राज्य कौन-सा है, जो गेहूँ की खेती नहीं करता है?
(a) कर्नाटक (b) महाराष्ट्र
(c) पश्चिम बंगाल (d) तमिलनाडु

492. सूची-I को सूची-II से सुमेलित कीजिए-

सूची-I	**सूची-II**
A. तारापुर परमाणु शक्ति केन्द्र	1. कर्नाटक
B. रावतभाटा परमाणु शक्ति केन्द्र	2. गुजरात
C. काकरापार परमाणु शक्ति केन्द्र	3. राजस्थान
D. कैगा परमाणु शक्ति केन्द्र	4. महाराष्ट्र

कूट :	**A**	**B**	**C**	**D**
(a)	1	2	3	4
(b)	3	4	1	2
(c)	4	3	2	1
(d)	2	1	4	3

493. सुमेलित कीजिए-

सूची-I (खनिज)	**सूची-II (स्थान)**
A. कोयला	1. गिरिडीह
B. ताँबा	2. जायकोंडम
C. मैंगनीज	3. अलवर
D. लिग्नाइट	4. धारवाड़

कूट :	**A**	**B**	**C**	**D**
(a)	1	4	3	2
(b)	2	3	4	1
(c)	1	3	4	2
(d)	2	4	3	1

494. सुमेलित कीजिए-

सूची-I	सूची-II
A. कोयला	1. हजारीबाग
B. लोहा	2. न्येवेली
C. लिग्नाइट	3. राउरकेला
D. अभ्रक	4. झरिया

कूट :	A	B	C	D
(a)	2	1	4	3
(b)	4	3	2	1
(c)	4	2	3	1
(d)	3	2	4	1

495. सुमेलित कीजिए-

सूची-I	सूची-II
A. लिग्नाइट	1. ताँबा
B. बॉक्साइट	2. लोहा
C. मैग्नेटाइट	3. ऐलुमिनियम
D. पायराइट	4. कोयला

कूट :	A	B	C	D
(a)	4	3	1	2
(b)	2	3	1	4
(c)	4	3	2	1
(d)	4	1	3	2

496. सुमेलित कीजिए-

सूची-I (स्थान)	सूची-II (उद्योग)
A. विशाखापत्तनम	1. मोटर गाड़ियाँ
B. मुरी	2. पोत निर्माण
C. गुड़गांव	3. उर्वरक
D. पनकी	4. ऐलुमिनियम

कूट :	A	B	C	D
(a)	2	3	4	1
(b)	1	2	3	4
(c)	2	4	3	1
(d)	2	4	1	3

497. सुमेलित कीजिए-

सूची-I (केन्द्र)	सूची-II (उद्योग)
A. आंवला	1. पॉली फाइबर
B. मोदीनगर	2. उर्वरक
C. बाराबंकी	3. रबड़
D. कानपुर	4. विस्फोटक

कूट :	A	B	C	D
(a)	1	2	3	4
(b)	2	3	1	4
(c)	3	2	4	1
(d)	4	3	2	1

498. भारी मशीन प्लाण्ट कहाँ स्थित है?

(a) बरौनी   (b) धनबाद
(c) जमशेदपुर   (d) रांची

499. सुमेलित कीजिए-

सूची-I (उद्योग)	सूची-II (स्थान)
A. कांच उद्योग	1. मुरादाबाद
B. पीतल उद्योग	2. भरकपुर
C. स्लेट उद्योग	3. फिरोजाबाद
D. हस्त निर्मित कालीन उद्योग	4. मिर्जापुर

कूट :	A	B	C	D
(a)	3	1	2	4
(b)	1	3	4	2
(c)	3	1	4	2
(d)	4	3	2	1

500. सुमेलित कीजिए-

सूची-I (स्थान)	सूची-II (उद्योग)
A. जामनगर	1. ऐलुमिनियम
B. हास्पेट	2. ऊनी वस्त्र
C. कोरबा	3. उर्वरक
D. हल्दिया	4. लोहा इस्पात

कूट :	A	B	C	D
(a)	4	3	1	2
(b)	2	4	1	3
(c)	4	3	2	1
(d)	2	1	4	3

विश्व का भूगोल

1. सूर्य के रासायनिक मिश्रण में हाइड्रोजन का प्रतिशत कितना है?
(a) 70 प्रतिशत (b) 61 प्रतिशत
(c) 75 प्रतिशत (d) 54 प्रतिशत

2. सूर्य की सबसे बाहरी सतह का नाम है–
(a) क्रोमोमंडल (b) थर्मोमंडल
(c) कोरोना (d) प्रकाशमंडल

3. सौर पृष्ठ पर लगभग कितना तापमान होता है?
(a) 8×10^{15} डिग्री सेल्सियस
(b) 500 डिग्री सेल्सियस
(c) 6000 डिग्री सेल्सियस
(d) 1000 डिग्री सेल्सियस

4. दो स्थानों के समय को प्रभावित करता है–
(a) आक्षांश और देशांतर
(b) देशांतर
(c) देशांतर और विषुवत रेखा से दूरी
(d) अक्षांश, देशांतर और विषुवत रेखा से दूरी

5. निम्नलिखित में से किस दिन को विश्व जल दिवस के रूप में मनाया जाता है?
(a) 22 मार्च (b) 22 मई
(c) 22 जून (d) 22 अगस्त

6. चीन की स्थल सीमाएँ .... देशों से लगी हुई है–
(a) 6 (b) 8
(c) 13 (d) 14

7. 1 देशांतर को पार करने में दो स्थानों के स्थानी समय के बीच क्या अन्तर है?
(a) 8 मिनट (b) 4 मिनट
(c) 2 मिनट (d) शून्य

8. बिना उपग्रह वाले ग्रह हैं–
(a) बुध और शनि (b) बुध और शुक्र
(c) बुध और मंगल(d) मंगल और शुक्र

9. वे कौन-से ग्रह हैं, जिनके चारों ओर परिक्रमा करने वाले उपग्रह नहीं हैं?
(a) मंगल और शुक्र
(b) बुध और शुक्र
(c) मंगल और बुध
(d) नेप्चून और प्लूटो

10. निम्नलिखित में से कौन-सा ग्रह सबसे कम तीव्रता से चलता है?
(a) पृथ्वी (b) बुध
(c) शनि (d) बृहस्पति

11. निम्नलिखित में से सौर मण्डल का सबसे बड़ा ग्रह कौन-सा है?
(a) पृथ्वी (b) शनि
(c) बृहस्पति (d) यूरेनस

12. सी ऑफ 'ट्राक्विलिटि' स्थित है–
(a) दक्षिण पूर्व-अफ्रीका
(b) रूस का पश्चिमी तट
(c) चन्द्रमा
(d) भारत का पश्चिमी तट

13. ज्वार सबसे ऊँचा कब होता है?
(a) जब सूर्य और चन्द्रमा पृथ्वी के एक ही ओर होते हैं।
(b) जब सूर्य और चन्द्रमा पृथ्वी की विपरीत दिशाओं में होते हैं।
(c) जब चन्द्रमा और सूर्य के गुरुत्वीयकर्षण विपरीत दिशाओं में होते हैं।
(d) उपर्युक्त में से कोई नहीं।

14. सौरमण्डल में कौन-सा अत्यधिक तीव्र ग्रह है?
(a) शुक्र (b) बुध
(c) शनि (d) प्लूटो

15. सूर्य से सर्वाधिक दूर स्थित है–
(a) बृहस्पति (b) मंगल
(c) प्लूटो (d) शनि

16. वह आकाशीय पिण्ड जो पृथ्वी के निकटतम है–
(a) सूर्य (b) चन्द्रमा
(c) शुक्र (d) शनि

17. सूर्य का समीपतम ग्रह है–
(a) बुध
(b) मंगल
(c) प्लूटो
(d) इनमें से कोई नहीं।

18. रात्रि के समय आकाश में कौन-सा ग्रह लाल दिखता है?
(a) मंगल (b) बृहस्पति
(c) बुध (d) शुक्र

19. पृथ्वी का जुड़वा ग्रह है–
(a) शुक्र (b) गुरु
(c) शनि (d) प्लूटो

20. कौन-सा ग्रह अपनी धुरी पर घूमते हुए सबसे कम समय में चक्कर पूरा करता है?
(a) मंगल (b) बृहस्पति
(c) पृथ्वी (d) प्लूटो

21. कण्टूर रेखा का निम्नलिखित में से कौन-सा एक उदाहरण है?
(a) दो देशों की बीच की रेखा
(b) स्थलाकृति मानचित्र
(c) दो महादेशों की अनन्त रेखाएँ
(d) इनमें से कोई नहीं।

22. सूर्यग्रहण होता है, जब–
(a) सूर्य, पृथ्वी और चन्द्रमा के बीच आता है।
(b) चन्द्रमा, पृथ्वी तथा सूर्य के बीच आता है।
(c) पृथ्वी, सूर्य और चन्द्रमा के बीच आती है।
(d) पृथ्वी, सूर्य और चन्द्रमा तेज गति से चलते हैं।

23. निम्नलिखित में से किस ग्रह का सूर्य के परितः परिभ्रमण काल अधिकतम है?
(a) बुध
(b) पृथ्वी
(c) मंगल
(d) इनमें से कोई नहीं।

24. एक उपग्रह में बैठे हुए अंतरिक्ष यात्री को आकाश का रंग .... प्रतीत होगा–
(a) काला (b) नीला
(c) धूसर (ग्रे) (d) सफेद

25. सांध्य तारे का उदय क्या निरूपित करता है?
(a) दक्षिण ध्रुव (b) उत्तरी ध्रुव
(c) पूर्व (d) पश्चिम

26. सबसे अधिक चमकीला तारा कौन-सा है?
(a) हेली तारा
(b) ध्रुव तारा
(c) सिरियस तारा
(d) अलफा सेंटोरी तारा

27. किस ग्रह के चारों ओर स्पष्ट वलय होते हैं?
(a) यूरेनस (b) बृहस्पति
(c) मंगल (d) शनि

28. 'बक्सा बाघ परियोजना' भारत में किस राज्य में स्थित है?
(a) मध्य प्रदेश (b) राजस्थान
(c) गुजरात (d) पश्चिम बंगाल

29. चन्द्रग्रहण तब होता है, जब–
(a) सूर्य, चन्द्रमा और पृथ्वी एक सीध में नहीं होते हैं।
(b) पृथ्वी, सूय्र और चन्द्रमा के बीच में आ जाता है।
(c) सूर्य, पृथ्वी और चन्द्रमा के बीच में आ जाता है।
(d) चन्द्रमा, पृथ्वी और सूर्य के बीच में आ जाता है।

30. हम हमेशा चन्द्रमा की एक ही सतह को देखते हैं, क्योंकि–

(a) यह पृथ्वी से छोटा है।

(b) यह पृथ्वी के अपने अक्ष पर घूमने की दिशा के विपरीत दिशा में अपने अक्ष पर घूमता है।

(c) यह अपने अक्ष पर घूमने और पृथ्वी के चारों ओर परिक्रमा करने में समान समय लेता है

(d) जिस गति से पृथ्वी, सूर्य की परिक्रमा करती है, उसी गति से यह घूमता है

31. ग्रीनविच किस देश में है?

(a) संयुक्त राज्य अमेरिका

(b) यूनाइटेड किंगडम

(c) हॉलैण्ड

(d) भारत

32. वह महाद्वीप जिसका दक्षिणी छोर अण्टार्कटिका के सबसे नजदीक है–

(a) दक्षिणी अमेरिका

(b) अफ्रीका

(c) ऑस्ट्रेलिया

(d) एशिया

33. पूर्ण सूर्यग्रहण केवल कुछ ही भौगोलिक क्षेत्र में दिखाई देता है, क्योंकि–

(a) सूग्र के चारों ओर पृथ्वी के घूर्णनपथ और चन्द्रमा द्वारा पृथ्वी के घूर्णनपथ में भिन्नता

(b) चन्द्रमा की छाया पृथ्वी पर पड़ने से

(c) पृथ्वी सतह के चिपटे भाग से प्रकाश किरणों का उन्नयन व अवनमन

(d) चन्द्रमा तथा पृथ्वी दोनों का विभिन्न कोणीय सतह से झुकी होना

34. भूतल के किसी बिन्दु से गुजरने वाली मध्याह्न रेखा तथा प्रधान मध्याह्न रेखा के मध्य की कोणीय दूरी को उक्त बिन्दु कहते हैं–

(a) देशांतर

(b) अक्षांश

(c) उन्नतांश

(d) इनमें से कोई नहीं।

35. ग्रीनविच पर समय मध्याह्न के 12 बजे हैं, 50° पूर्व देशान्तर पर स्थित एक जगह पर समय क्या होगा?

(a) प्रातः 8.40

(b) सायं 3.20

(c) प्रातः 5.00

(d) मध्यरात्रि 12.00

36. वातावरण की परत, जो रेडियो तरंगों को वापस पृथ्वी पर परावर्तित करती है–

(a) समताप मंडल (b) क्षोभ सीमा

(c) आयन मंडल (d) क्षोभ मंडल

37. नीचे से ऊपर की ओर बढ़ने पर वायुमण्डल में स्तरों का अनुक्रम क्या है?

(a) स्ट्रेटोस्फेयर, ट्रोपोस्फेयर, आयनोस्फेयर और एक्सोस्फेयर

(b) एक्सोस्फेयर, आयनोस्फेयर, ट्रोपोस्फेयर और स्ट्रेटोस्फेयर

(c) ट्रोपोस्फेयर, स्ट्रेटोस्फेयर, आयनोस्फेयर और एक्सोस्फेयर

(d) ट्रोपोस्फेयर, मैग्नेटोस्फेयर, स्ट्रेटोस्फेयर और एक्सोस्फेयर

38. आइसोक्रोन वे रेखाएं है, जो ऐसे स्थलों को जोड़ती हैं, जो समान है–

(a) एक बिन्दु से यात्रा-काल

(b) वर्षा

(c) माध्य समुद्र स्तर से ऊँचाई

(d) कोहरा

39. यदि दो स्थानों के बीच समय में अंतर 2 घंटे 20 मिनट का है, तो देशान्तर में अन्तर होगा?

(a) 45° (b) 30°

(c) 40° (d) 35°

40. मानचित्र पर बनायी गयी वे रेखाएँ जो समुद्र से बराबर ऊँचाई वाले स्थानों को मिलाती हैं, क्या कहलाती हैं?
(a) आइसोबार्स (b) कन्टूर्स
(c) आइसोथर्म्स (d) आइसोटोप्स

41. मंगल ग्रह का रंग होता है–
(a) लाल (b) पीला
(c) हरा (d) नीला

42. टुण्ड्रा प्रकार की जलवायु का दूसरा नाम क्या है?
(a) आर्द्र न्यूनतापीय
(b) शुष्क मध्यतापीय
(c) आर्द्र मध्यतापीय
(d) ध्रुवीय जलवायु

43. अन्तर्राष्ट्रीय दिनांक रेखा कहाँ से होकर गुजरती है?
(a) 0° ग्रीनविच (b) 180° ग्रीनविच
(c) 90° ग्रीनविच (d) 270° ग्रीनविच

44. ओजोन परत किस स्तर में पाया जाता है?
(a) 50 से 500 किमी०
(b) 30 से 50 किमी०
(c) 11 से 30 किमी०
(d) इनमें से कोई नहीं।

45. सबसे छोटे मार्ग द्वारा यात्रा करने का आयोजन करने वाले व्यक्ति को अनुसरण करना चाहिए।
(a) हवाओं का (b) नदियों का
(c) अक्षांशों का (d) देशान्तरों का

46. अन्तर्राष्ट्रीय तिथि रेखा वह रेखा है, जहाँ–
(a) स्थानीय समय एक घण्टे के अन्तराल में बढ़ जाता है।
(b) सभी अन्य मध्याह्नों से पूर्व की ओर तथा पश्चिम की ओर 180° फैल जाती है।
(c) तिथि ठीक एक दिन परिवर्तित होती है, जब इसे पार किया जाता है।
(d) b तथा c दोनों

47. निम्नांकित में से कौन-सी ऊँचाई भूस्थिर उपग्रहों की है?
(a) 1000 किमी० (b) 10000 किमी०
(c) 36000 किमी० (d) 72000 किमी०

48. सूर्य में नाभिकीय ईंधन है–
(a) हीलियम (b) यूरेनियम
(c) हाइड्रोजन (d) अल्फाकण

49. शनि के रिंग्स की खोज का श्रेय किसे है?
(a) केप्लर (b) कोपरनिकस
(c) गैलिलियो (d) न्यूटन

50. भू-पृष्ठ से परावर्तित अवरक्त विकिरण के अवशोषण द्वारा भू-वायुमंडल के तापमान में वृद्धि की प्रक्रिया को क्या कहते हैं?
(a) सुनामी
(b) सौर तापमान
(c) ग्रीन हाउस प्रभाव
(d) भूकंपी प्रभाव

51. खगोलीय एकक है–
(a) सूर्य के केन्द्र से पृथ्वी के केन्द्र तक की माध्य दूरी
(b) सूर्य की सतह से पृथ्वी की सतह तक की माध्य दूरी
(c) सूर्य से पृथ्वी तक की अधिकतम दूरी
(d) सूर्य से पृथ्वी तक की न्यूनतम दूरी

52. समस्त पृथ्वी पर से दो तारीखें जब रात और दिन समान अवधि के होते हैं, कहलाती है–
(a) इक्वीनॉक्लेज (b) ओरोग्स
(c) आइसोबार्स (d) इक्वेटोस्मिलस

53. किन दो तिथियों पर दिन और रात बराबर होते हैं?
   (a) 23 मार्च और 21 सितम्बर
   (b) 21 मार्च और 23 सितम्बर
   (c) 1 मार्च और 30 सितम्बर
   (d) 1 सितम्बर और 23 मार्च

54. चन्द्रमा को पृथ्वी के चारों ओर एक बार घूमने में निकटतम समय लगता है–
   (a) 12 घंटे   (b) 365 दिन
   (c) 28 दिन   (d) 24 घंटे

55. सूर्य तथा पृथ्वी के बीच न्यूनतम दूरी कब घटित होती है?
   (a) 22 दिसंबर को
   (b) 21 जून को
   (c) 22 सितंबर को
   (d) 3 जनवरी को

56. एक प्रकाशवर्ष इससे सर्वाधिक समीप है–
   (a) 10^8 मीटर   (b) 10^{12} मीटर
   (c) 10^{16} मीटर   (d) 3 जनवरी को

57. सूर्य के परिप्रेक्ष्य में चन्द्रमा का परिक्रमण काल है–
   (a) एक सौर महीने के बराबर
   (b) एक नक्षत्र महीने के बराबर
   (c) एक संयुति महीने के बराबर
   (d) इनमें से कोई नहीं

58. जब पृथ्वी सूर्य से अधिकतम दूरी पर पहुंचती है, तो इसे जाना जाता है–
   (a) संक्रान्ति के रूप में
   (b) ग्रहण के रूप में
   (c) विषुव के रूप में
   (d) नक्षत्र के रूप में

59. सूर्य की किरणें अनुलम्बत: गिरती हैं–
   (a) आयन मंडल पर
   (b) विषुवत प्रशान्त मंडल पर
   (c) ध्रुवों पर
   (d) भूमध्य रेखा पर

60. धूमकेतु की पूँछ हमेशा सूर्य से दूर रहती है–
   (a) प्रतिकर्षण बल के कारण
   (b) अपकेन्द्री बल के कारण
   (c) सौर विकिरण एवं सौर पवन के कारण
   (d) किसी अज्ञात कारण से

61. ओजोन महत्त्वपूर्ण है, क्योंकि वह खतरनाक .... को अवशोषित कर लेते हैं–
   (a) लघु तरंगी विकिरण
   (b) पराबैंगनी विकिरण
   (c) दृश्य प्रकाश विकिरण
   (d) उपरोक्त में से कोई नहीं

62. वातावरण में कौन-सी गैस पराबैंगनी किरणों का अवशोषण करती है?
   (a) मीथेन   (b) नाइट्रोजन
   (c) ओजोन   (d) हीलियम

63. सबसे अधिक ओजोन कहाँ पाया जाता है?
   (a) क्षोभ मंडल   (b) ओजोन मंडल
   (c) समताप मंडल   (d) बहिर्मण्डल

64. 'बादल' किस मण्डल में अवतरित होता है?
   (a) आयन मण्डल   (b) क्षोभ मण्डल
   (c) समताप मण्डल (d) ओजोन

65. पक्षाभ मेघ का अर्थ है–
   (a) निम्न मेघ
   (b) वर्षा मेघ
   (c) उच्च मेघ
   (d) ओलावृष्टि लाने वाला मेघ

66. पूर्ण सूर्यग्रहण का अधिकतम समय है–
   (a) 600 सेकंड   (b) 500 सेकंड
   (c) 460 सेकंड   (d) 250 सेकंड

67. एक तारा जो नीला दिखायी देता है, वह–
(a) चन्द्रमा से अधिक ठण्डा है
(b) सूर्य से अधिक गर्म है
(c) सूर्य जितना गर्म है
(d) सूर्य की अपेक्षाकृत ठण्डा है

68. हरा प्रकाश छोड़ने वाला ग्रह कौन-सा है?
(a) बृहस्पति (b) शुक्र
(c) यूरेनस (d) नेपच्यून

69. ग्रह अपनी विभिन्न धुरियों पर गतिशील रहते हैं–
(a) सूर्य से अपनी धुरी पर परिक्रमण द्वारा
(b) गुरुत्वाकर्षण के अभिकेन्द्री बल द्वारा
(c) बृहत् आकार तथा गोलकार आकृति द्वारा
(d) अपने परिक्रमण तथा घनत्व द्वारा

70. चन्द्रग्रहण .... पर घटित होता है–
(a) अमावस के दिन
(b) पूर्णिमा के दिन
(c) अर्धचन्द्र के दिन
(d) a और b दोनों

71. ग्रह सूर्य के चारों ओर घूमते हैं, इसका कारण है–
(a) चुम्बकीय बल
(b) स्थिर विद्युत बल
(c) गुरुत्वाकर्षण बल
(d) विद्युत चुम्बकीय बल

72. सूर्य के पश्चात् पृथ्वी के सर्वाधिक निकटतम तारे से पृथ्वी पर प्रकाश कितने समय में पहुँचता है?
(a) 4.3 सेकंड में (b) 4.3 मिनट में
(c) 43 मिनट में (d) 4.2 वर्ष में

73. वह बिन्दु जिस पर एक वस्तु सूर्य के चारों ओर दीर्घवृत्ताकार रूप में यात्रा करती हुई सूर्य के समीप आ जाती है?
(a) एपोगी (b) पेरीगी
(c) परीहेलियन (d) उपहेलियन

74. वे कौन से ग्रह हैं, जिनके चारों ओर परिक्रमा करने वाले उपग्रह नहीं है?
(a) मंगल और शुक्र
(b) बुध और शुक्र
(c) मंगल और बुध
(d) नेप्च्यून और प्लूटो

75. 'टाइटन' किस ग्रह का उपग्रह है?
(a) मंगल (b) बृहस्पति
(c) शनि (d) यूरेनस

76. पार्थिव ग्रह कौन-कौन से हैं?
(a) बुध, शुक्र, पृथ्वी
(b) बुध, शुक्र, पृथ्वी, मंगल
(c) बुध, शुक्र, मंगल
(d) बुध, शुक्र, मंगल, पृथ्वी, बृहस्पति

77. निम्नलिखित में कौन-सा ग्रह पूर्व से पश्चिम, पश्चगामी दिशा में सूर्य की परिक्रमा करता है?
(a) पृथ्वी (b) बुध
(c) शुक्र (d) बृहस्पति

78. किसी कक्षा से उपग्रहों का छोटा हिस्सा अलग होता है, तो –
(a) सीधे पृथ्वी पर गिरेगा
(b) सर्पिल गति से पहुँचेगा
(c) अंतरिक्ष में घूमता रहेगा
(d) पृथ्वी से दूर होगा

79. दक्षिणी ध्रुव वृत्त है–
(a) $63\frac{1}{3}$ N (b) $63\frac{1}{2}$ N
(c) $56\frac{1}{3}$ N (d) $66\frac{1}{2}$ N

80. समान दाब वाले स्थान को मिलाने वाली रेखा को क्या कहते हैं?
(a) समभार रेखा (b) समोच्च रेखा
(c) समदाब रेखा (d) समताप रेखा

81. 'ओरिअन' नक्षत्र का भारतीय नाम क्या है?
   (a) ब्याध   (b) मृगा
   (c) कार्तिक   (d) a और b दोनों

82. पृथ्वी का विषुवतीय व्यास लगभग कितना है?
   (a) 12,700 किमी०
   (b) 12,750 किमी०
   (c) 12,650 किमी०
   (d) 12,600 किमी०

83. पृथ्वी की आयु ज्ञात की जा सकती है–
   (a) यूरेनियम काल निर्धारण द्वारा
   (b) कार्बन काल निर्धारण द्वारा
   (c) परमाण्विक घड़ियों द्वारा
   (d) जैव घड़ियों द्वारा

84. पृथ्वी को उसके काल्पनिक अक्ष पर घूमने को क्या कहते हैं?
   (a) परिभ्रमण
   (b) कक्षा
   (c) घूर्णन
   (d) इनमें से कोई नहीं

85. उच्च दाब उपोष्णीय शान्त पट्टियों जिन्हें 'अश्व अक्षांश' के नाम से जाना जाता है, किसके मध्य में हैं?
   (a) 0° एवं 15° के
   (b) 20° एवं 25° के
   (c) 30° एवं 35° के
   (d) इनमें से कोई नहीं

86. यदि भारत में सुबह के 11 बज रहे हैं, तो लंदन (ग्रीनविच) में कितने बजे होंगे?
   (a) 4.30 सुबह   (b) 5.30 सुबह
   (c) 4.30 शाम   (d) 5.30 शाम

87. पृथ्वी की घूर्णन गति उच्चतम होती है–
   (a) उत्तर ध्रुव के साथ
   (b) मकर रेखा के साथ
   (c) उत्तर ध्रुव वृत्त के साथ
   (d) भूमध्य रेखा के साथ

88. पृथ्वी की अपनी कक्षा में गति है–
   (a) पश्चिम से पूर्व
   (b) पूर्व से पश्चिम
   (c) उत्तर से दक्षिण
   (d) दक्षिण से उत्तर

89. पृथ्वी पर दो स्थानों की स्थिति के अनुदैर्ध्य का अन्तर 15° है, उनके स्थानीय समय में कितना अन्तर होगा?
   (a) कोई अन्तर नहीं
   (b) 1 घण्टा
   (c) 2 घण्टे
   (d) 15 घण्टे

90. पृथ्वी तथा सूर्य के मध्य सर्वाधिक दूरी किसके दौरान होती है?
   (a) उत्तर अयनांत   (b) दक्षिण अयनांत
   (c) अपसौर   (d) उपसौर

91. ऋतुएँ निम्नलिखित के कारण होती हैं–
   (a) पृथ्वी घूर्णन करती है
   (b) सूर्य के चारों ओर पृथ्वी का परिक्रमण
   (c) पृथ्वी का अक्ष 66½ से अयनांत है
   (d) उपर्युक्त b और c दोनों

92. पृथ्वी की सतह से नीचे द्रवीभूत शैल कहलाता है–
   (a) बेसाल्ट
   (b) छत्रक शैल (लेकोलिथ)
   (c) लावा
   (d) शैलमूल (मैग्मा)

93. पृथ्वी (ग्लोब) का अक्ष इसके समतल के लम्ब से कितना झुका होगा?
   (a) 23½°
   (b) 66½°
   (c) 180°
   (d) यह झुका नहीं होता

94. पृथ्वी अपने अक्ष पर झुकी हुई है, यह अपने अक्ष तल पर कितने अंश से झुकी हुई है?

(a) 23½°   (b) 45°

(c) 66½°   (d) 90°

95. पृथ्वी का ध्रुवीय व्यास उसके विषुवतीय व्यास से कितना कम है?

(a) 25 किमी०   (b) 80 किमी०

(c) 43 किमी०   (d) 30 किमी०

96. सितम्बर को .... मनाया जाता है–

(a) ग्रीष्म सक्रांति   (b) शरद विषुव

(c) बसंत विषुव   (d) शीत क्रांति

97. दिसम्बर 23 को सूर्य .... के ठीक ऊपर होता है। इसमें उत्तरी शीतोष्ण कटिबंध में शीत ऋतु होती है।

(a) भूमध्य रेखा

(b) कर्क रेखा

(c) मकर रेखा

(d) इनमें से कोई नहीं

98. पृथ्वी के भूपर्पटी में कौन-सा तत्त्व प्रचुर मात्रा में पाया जाता है?

(a) कैल्शियम   (b) ऐलुमिनियम

(c) लोहा   (d) पोटैशियम

99. निम्नलिखित धातु युग्मों में से कौन-सा युग्म पृथ्वी के आन्तरिक क्रोड को बनाता है?

(a) क्रोमियम एवं लोहा

(b) मैग्नीशियम एवं सीसा

(c) लोहा एवं ताँबा

(d) निकल एवं लोहा

100. पृथ्वी के भू-पृष्ठीय स्तर को इस नाम से भी पुकारते हैं–

(a) सियाल   (b) सिमा

(c) मोहो   (d) निफे

101. स्थानीय अमरीकी द्वारा भारतीय लोगों को क्या नाम दिया गया है?

(a) बुशमैन   (b) एनपाईन

(c) अमेरिन्डस   (d) मैस्टिजोज

102. पृथ्वी के क्रस्ट के भीतर की हलचल का अध्ययन किसमें किया जाता है?

(a) जियोडेसी

(b) जियोलॉजी

(c) प्लेट टेक्टोनिक्स

(d) सीस्मोलॉजी

103. अलबाट्रास क्या है?

(a) प्रशांत महासागर में एक द्वीप

(b) उत्तर प्रशांत का एक समुद्री पक्षी

(c) दक्षिण अफ्रीका में पाई जाने वाली मछली का एक प्रकार

(d) इनमें से कोई नहीं

104. कौन-सा घटक है, जो वायुमंडलीय परिवर्तन में भूमिका निभाता है?

(a) CO_2, जलवाष्प

(b) जलवाष्प, धूलकण

(c) तूफान

(d) धूप, आँधी, धूलकण

105. दो विशाल भू-भाग को जोड़ने वाली भूमि की छोटी पट्टी ...... कहलाती है–

(a) भू-संधि   (b) जलसंयोजी

(c) द्वीपसमूह   (d) प्रायद्वीप

106. यदि पृथ्वी से वायुमण्डल हटा दिया जाये तो–

(a) दिन बड़ा हो जायेगा

(b) रात बड़ी हो जायेगी

(c) दोनों अपरिवर्तित रहेगा

(d) दोनों असमान रहेगा

107. देशान्तरीय याम्योत्तर है–

(a) समानान्तर अर्द्धवृत्त

(b) मुख्य याम्योत्तर से किसी स्थान की कोणीय दूरी

(c) संसार के नक्शे को निर्देशित करती हुई खड़ी रेखा

(d) वृत्त

108. यदि एक स्थान पर 23 सितम्बर को सूर्य दिगंशकोटि के साथ 35° का कोण बनाता है, तो उक्त स्थल का अक्षांश क्या है?

(a) 55° उत्तर (b) 35° दक्षिण
(c) 55° दक्षिण (d) 32½° उत्तर

109. अगर 150° पश्चिमी देशांतर पर शाम के 4 बजे हैं, तो 150° पूर्वी देशान्तर पर क्या समय होगा?

(a) सायं 8, रविवार
(b) प्रात: 4, मंगलवार
(c) सायं 4, मंगलवार
(d) दोपहर 12, मंगलवार

110. आई० एस० टी० एवं जी० एम० टी० के बीच समयों का अन्तर है–

(a) 5½ घंटे (b) 8½ घंटे
(c) 12½ घंटे (d) 9 घंटे

111. निम्नलिखित में से किसने पहली बार कहा कि 'पृथ्वी गोल' है?

(a) आरिस्टोटल
(b) कॉपरनिकस
(c) केपलर
(d) इनमें से कोई नहीं

112. 49वीं पैरेलल किन दो देशों के बीच की सीमा है?

(a) उत्तर कोरिया और दक्षिण कोरिया
(b) यू० एस० ए० और कनाडा
(c) उत्तर और दक्षिण वियतनाम
(d) थाईलैंड और म्यांमार

113. निम्नलिखित में से किसे 'आइलैण्ड ऑफ प्रेसिपिटेशन' कहते हैं?

(a) फॉल्ट माउन्टेन्स
(b) फोल्ड माउन्टेन्स
(c) डोम माउन्टेन्स
(d) ब्लैक माउन्टेन्स

114. टुंड्रा प्रदेश का महत्त्वपूर्ण क्रियाकलाप है–

(a) मत्स्य उद्योग (b) पशुपालन
(c) शिकार करना (d) कृषि

115. यदि ग्रीनविच में 6.00 a.m. है, तो 11.00 a.m. कहाँ होंगे?

(a) 90°E पर (b) 75°E पर
(c) 60°E पर (d) 15°W पर

116. एक दिन बढ़ जाता है, यदि कोई पार करे–

(a) विषुवत रेखा के उत्तर से दक्षिण
(b) 180° देशान्तर पश्चिम से पूरब
(c) 180° देशान्तर पूरब से पश्चिम
(d) विषुवत रेखा के दक्षिण से उत्तर

117. जब एक जहाज दिनांक रेखा को पश्चिम से पूरब की ओर पार करता है–

(a) उसे एक दिन की हानि होती है
(b) उसे एक दिन का लाभ होता है
(c) उसे आधे दिन की हानि होती है
(d) उसे आधे दिन का लाभ होता है

118. विषुवत पर एक दिन की अवधि–

(a) 10 घंटे की होती है
(b) 12 घंटे की होती है
(c) 14 घंटे की होती है
(d) 16 घंटे की होती है

119. पृथ्वी की धुरी है–

(a) झुकी हुई (b) ऊर्ध्वाधर
(c) क्षैतिज (d) वक्रीय

120. निम्नलिखित में से कौन-सा एक जलडमरुमध्य अन्तर्राष्ट्रीय तिथि रेखा के सर्वाधिक निकट है?

(a) मलक्का जलडमरुमध्य
(b) बोरिंग जलडमरुमध्य
(c) डोवर जलडमरुमध्य
(d) जिब्राल्टर जलडमरुमध्य

121. पृथ्वी से दिखने वाली चन्द्रमा की सतह उसकी कुल सतह का कितने प्रतिशत है?
(a) 33 प्रतिशत (b) 59 प्रतिशत
(c) 45 प्रतिशत (d) 70 प्रतिश

123. किसी स्थान का अक्षांश इसके .... का सूचक होता है–
(a) समय (b) वर्षा की मात्रा
(c) ऊँचाई (d) तापक्रम

124. सूर्य तथा पृथ्वी के बीच न्यूनतम दूरी कब होती है?
(a) 22 दिसम्बर (b) 21 जून
(c) 22 सितम्बर (d) 3 जनवरी

125. 'मंदारिन' का अर्थ क्या नहीं होता है?
(a) यह चीन के शहर का नाम है
(b) यह चीन की एक भाषा है
(c) यह चीन की एक जनजाति है
(d) विश्व में सबसे अधिक बोली जाने वाली भाषा है

126. 'सिग्सबी द्वीप' किस खाड़ी में अवस्थित है?
(a) हडसन की खाड़ी
(b) अरब की खाड़ी
(c) मैक्सिको की खाड़ी
(d) सेंट लारेंस की खाड़ी

127. जिम्बाब्वे को पहले जाना जाता था–
(a) रोडेशिया (b) माली
(c) नामीबिया (d) जन्जीबार

128. अफ्रीकी देश 'घाना' का पुराना नाम क्या था?
(a) आबसीनिया (b) कांगो
(c) गोल्ड कोस्ट (d) टंगानिका

129. कांगो प्रजातांत्रिक गणतंत्र का प्रारम्भिक नाम था–
(a) घाना (b) रोडेशिया
(c) तंजानिया (d) जायरे

130. बाल्टोरो ग्लेशियर कहाँ है?
(a) बालतिस्तान में (b) हिमाचल में
(c) तमिलनाडु में (d) उत्तराखण्ड में

131. सबसे छोटा महाद्वीप है–
(a) यूरोप
(b) ऑस्ट्रेलिया
(c) अंटार्कटिक
(d) दक्षिणी अमेरिका

132. निम्नलिखित में से कौन-सा विश्व का सबसे बड़ा महाद्वीप है?
(a) दक्षिण अमरीका
(b) अफ्रीका
(c) एशिया
(d) यूरोप

133. एशिया का क्षेत्रफल .... मिलियन वर्ग किलोमीटर है–
(a) 60 (b) 65
(c) 50 (d) 44

134. अफ्रीका के पूर्वी तट पर तंजानिया के पास समुद्र में कौन-सा स्थित है?
(a) मालदीव (b) मॉरीशस
(c) सेसेल्स (d) जंजीबार

135. डियागो-गर्शिआ एक छोटा द्वीप है यह निम्नलिखित में से किस महासागर में स्थित है?
(a) प्रशान्त महासागर
(b) हिन्द महासागर
(c) बंगाल की खाड़ी
(d) अटलांटिक महासागर

136. विश्व के सबसे बड़े द्वीप समूह इण्डोनेशिया में लगभग कितने द्वीप हैं?
(a) 2000
(b) 4000
(c) 3000
(d) उपरोक्त में से कोई नहीं

137. इनमें से कौन सही है?
(a) 30° से 45° उत्तरी एवं दक्षिणी अक्षांशों के बीच का क्षेत्र उपोष्ण कटिबंध है
(b) 30° उत्तरी और दक्षिणी अक्षांशों के बीच में पछुआ पवन चलती है
(c) 5° उत्तरी और दक्षिणी अक्षांशों के क्षेत्र में सर्वाधिक लवणता पायी जाती है
(d) 35° से 40° दक्षिण अक्षांशों के क्षेत्र को 'गरजता चालीसा' के उपनाम से जाना जाता है

138. 'सुण्डा गर्त' अवस्थित है–
(a) प्रशान्त महासागर में
(b) हिन्द महासागर में
(c) अटलांटिक महासागर में
(d) आर्कटिक महासागर में

139. रिक्टर स्केल का प्रयोग किसको मापने में किया जाता है?
(a) समुद्र की गहराई
(b) समुद्र की दिशा
(c) भूकंप के झटके
(d) इनमें से कोई नहीं

140. मीकांग नदी कहाँ नहीं बहती है?
(a) कम्बोडिया (b) इण्डोनेशिया
(c) सिंगापुर (d) चीन

141. जॉर्डन और इजराइल के मध्य कौन-सा सागर है?
(a) लाल सागर (b) कैस्पियन सागर
(c) मृत सागर (d) काला सागर

142. बाल्टिक समुद्र को उत्तरी समुद्र से मिलाने वाली नहर है–
(a) कील नहर
(b) स्वेज नहर
(c) पनामा नहर
(d) इनमें से कोई नहीं

143. मंगोलन जलडमरुमध्य स्थित है–
(a) प्रशांत एवं दक्षिण अटलांटिक महासागर के बीच
(b) अफ्रीका के दक्षिणी छोर पर
(c) चीन और जापान के बीच
(d) दक्षिणी अमेरिका के दक्षिणी छोर पर

144. निम्न में से कौन-सा देश भूमि से घिरा हुआ नहीं है?
(a) जिम्बाब्वे (b) पैरागुवे
(c) बोल्विया (d) कैमरून

145. सबसे लम्बी नदी है–
(a) अमेजन
(b) गंगा
(c) नील
(d) मिसौरी-मिसीसिपी

146. प्रसिद्ध करीबा बाँध किस नदी पर स्थित है?
(a) नील (b) नाइजर
(c) जाम्बेजी (d) अमेजन

147. विश्व की सबसे चौड़ी नदी है–
(a) मिसीसिपी
(b) अमेजन
(c) नील
(d) उपर्युक्त में से कोई नहीं

148. एशिया की सबसे लम्बी नदी कौन-सी है?
(a) गंगा (b) यांगटिसीक्यांग
(c) ह्वांग-हो (d) ब्रह्मपुत्र

149. निम्नलिखित में से किस देश में से यूकेटस व टिगरिस नदियाँ बहती हैं?
(a) ईरान (b) जॉर्डन
(c) कुवैत (d) इराक

150. 'नियाग्रा प्रपात' है–
(a) यू० के० में (b) अफ्रीका में
(c) ऑस्ट्रेलिया में (d) यू०एस०ए० में

151. सबसे बड़ा नदी का मुहाना है–
(a) ओब नदी का मुहाना
(b) गंगा नदी का मुहाना
(c) अमेजन नदी का मुहाना
(d) नील नदी का मुहाना

152. 'बोयोमा' जलप्रात किस नदी पर बनता है?
(a) जायरे   (b) लुआलाबा
(c) जाम्बेजी   (d) नील

153. पेरिस किस नदी के किनारे स्थित है?
(a) सीन   (b) टेम्स
(c) सेट लारेंस   (d) राइन

154. किस नदी को 'चीन का दु:ख' कहा जाता है?
(a) यांग-त-से   (b) ह्वांग-हो
(c) साल्वीन   (d) आमुर

155. विश्व का सबसे ऊँचा जलप्रपात कौन-सा है?
(a) किंग जॉर्ज–VI (b) रिब्बन
(c) एंजिल   (d) नियाग्रा

156. हडसन नदी के किनारे निम्नलिखित में से कौन शहर बसा है?
(a) न्यूयॉर्क
(b) संयुक्त राज्य अमेरिका
(c) ब्रिटेन   (d) फ्रांस

157. अन्तर्राष्ट्रीय तिथि रेखा होकर गुजरती है–
(a) अटलांटिक महासागर
(b) हिन्द महासागर
(c) प्रशान्त महासागर
(d) आर्कटिक महासागर

158. निम्न में से कौन-सा महासागर उत्तरी अमेरिका को स्पर्श नहीं करता है?
(a) अटलांटिक महासागर
(b) हिन्द महासागर
(c) प्रशान्त महासागर
(d) आर्कटिक महासागर

159. उस सागर का नाम बताइए जिसकी सीमा तीन महाद्वीपों को छूती है–
(a) भूमध्य सागर
(b) लाल सागर
(c) कैस्पियन सागर
(d) कैरेबिनयन सागर

160. पनामा नहर किसको जोड़ती है?
(a) अटलांटिक महासागर-प्रशान्त महासागर
(b) उत्तरी सागर-अटलांटिक महासागर
(c) अटलांटिक महासागर-भूमध्य महासागर
(d) लाल सागर हिन्द महासागर

161. जब समुद्र से ध्रुव की ओर बढ़ते हैं, तो लवणता पर क्या प्रभाव पड़ता है?
(a) घटता है
(b) बढ़ता है
(c) पहले घटता है फिर बढ़ता है
(d) इनमें से कोई नहीं

162. समुद्र में ज्वार-भाटा आने का कारण है–
(a) पृथ्वी की आन्तरिक हलचल
(b) समुद्र में भूकम्पीय ज्वालामुखी
(c) सूर्य एवं चन्द्रमा की आकर्षण शक्ति
(d) पृथ्वी का चुम्बकीय गुरुत्वाकर्षण बल

163. निम्न में से किसे 'प्रशान्त महासागर का चौराहा' के उपनाम से जाना जाता है?
(a) फिजी   (b) हवाई द्वीप
(c) टोंगा   (d) तिमोर द्वीप

164. 'तूफानों का सागर' नाम किसे प्रदान किया गया है?
(a) अटलांटिक महासागर को
(b) प्रशांत महासागर को
(c) चन्द्रमा के तल पर जलविहीन क्षेत्र को
(d) इनमें से किसी को भी नहीं

165. विश्व की सबसे गहरी झील कौन-सी है?
 (a) कैस्पियन सागर
 (b) बैकाल झील
 (c) टिटिकाका झील
 (d) ब्राटस्क झील

166. मेरियाना खाई क्या है?
 (a) विश्व की सबसे बड़ी खाड़ी
 (b) अमरीका का एक शहर
 (c) महासागर का सबसे गहरा भाग
 (d) तीनों में कोई नहीं

167. हिमानी (ग्लेशियर) बर्फ का एक विशाल पिण्ड है, जो–
 (a) पानी में तैरता है
 (b) धीरे-धीरे भू-स्थल पर बढ़ता है
 (c) आर्कटिक महासागर में पाया जाता है
 (d) हिमालय पर्वत श्रेणी के शीर्ष स्थलों पर छाया रहता है

168. निम्नलिखित में से किसमें एक भूमध्य सागरीय तरह की जलवायु है?
 (a) फिलीपींस
 (b) उत्तरी ऑस्ट्रेलिया
 (c) दक्षिण-पूर्वी ऑस्ट्रेलिया
 (d) इनमें से कोई नहीं

169. एशिया में अन्तरपर्वतीय पठार कौन-सा है?
 (a) दक्कन   (b) मालवा
 (c) तिब्बत   (d) घोलाकार

170. सबसे लवणीय सागर है–
 (a) अरब सागर (b) भूमध्य सागर
 (c) लाल सागर (d) मृत सागर

171. सेशेल्स कहाँ स्थित है?
 (a) प्रशान्त महासागर में
 (b) हिन्द महासागर में
 (c) अटलांटिक महासागर में
 (d) भूमध्यसागर में

172. ज्वारभित्ति (Tidal bord) क्या है?
 (a) भूकंप सम्बन्धी गतिविधियों से उपजा ज्वार तरंग
 (b) तटीय प्रदेशों में बालू का जमाव
 (c) उच्च ज्वारीय स्तर पर पोलिप का बनना
 (d) नदी के मुहाने पर उर्ध्व प्रवाह में चलने वाली उच्च ज्वारीय तरंग

173. लाल सागर एवं भूमध्य सागर को जोड़ने वाली नहर का नाम बताइए–
 (a) कील नहर
 (b) पनामा
 (c) स्वेज नहर
 (d) इनमें से कोई नहीं

174. मृत सागर कहाँ स्थित है?
 (a) इजराइल और जॉर्डन के बीच
 (b) मोरक्को और स्पेन के बीच
 (c) इराक और ईरान के बीच
 (d) उज्बेकिस्तान और कजाकिस्तान के बीच

175. किस महासागर में 'केप कोमोरीन' स्थित है?
 (a) प्रशान्त महासागर
 (b) हिन्द महासागर
 (c) अटलांटिक महासागर
 (d) आर्कटिक महासागर

176. तिब्बती लोग किसे 'चोमोलुंगा' अथवा 'देवी माता' कहते हैं?
 (a) नंदा देवी   (b) माउंट एवरेस्ट
 (c) कंचनजंगा   (d) वैष्णो देवी

177. पहाड़ की ऊँचाई से बर्फ पिघलने के पिण्ड को कहते हैं–
 (a) आइसबर्ग   (b) ग्लेशियर
 (c) हिमपात   (d) हिमांक

178. शिन्टोइज्म एक धर्म है, जो किस देश के लोगों द्वारा मनाया जाता है?
(a) जापान
(b) चीन
(c) मंगोलिया
(d) इनमें से कोई नहीं

179. सारगैसो अवस्थित है–
(a) उत्तर अटलांटिक महासागर में
(b) दक्षिण अटलांटिक महासागर में
(c) दक्षिण प्रशांत महासागर में
(d) उत्तर प्रशांत महासागर में

180. 'मध्यरात्रि का सूर्य' घटना है–
(a) अण्टार्कटिक वृत्त की
(b) आर्कटिक वृत्त के उत्तरी भाग की
(c) पूरे आर्कटिक वृत्त की
(d) इनमें से कोई नहीं

181. एशिया महाद्वीप का सबसे बड़ा द्वीप है–
(a) इण्डोनेशिया   (b) बोर्निओ
(c) श्रीलंका   (d) बर्मा

182. अन्तोलिया पठार स्थित है–
(a) मध्य एशिया में
(b) दक्षिणी एशिया में
(c) पश्चिमी एशिया में
(d) पूर्वी एशिया में

183. 'फोटोपेक्सी' कहाँ स्थित है?
(a) इक्वाडोर
(b) जापान
(c) दक्षिण अफ्रीका
(d) कनाडा

184. विश्व की सबसे लम्बी पर्वत श्रृंखला कौन-सी है?
(a) हिमालय   (b) आल्पस
(c) ऐण्डीज   (d) रॉकी

185. कौन-सी पर्वत श्रृंखला विश्व में सबसे बड़ी है?
(a) हिमालय   (b) एण्डीज
(c) काकेसस   (d) अलास्का

186. हवाई जहाज प्राय: .... में उड़ते हैं–
(a) क्षोभ मण्डल   (b) समताप मंडल
(c) मध्य मंडल   (d) बाहरी मंडल

187. एवरेस्ट किस देश में है?
(a) नेपाल   (b) भारत
(c) तिब्बत   (d) म्यांमार

188. आर्किपेलगो का आशय क्या है?
(a) पठार   (b) द्वीप
(c) झील   (d) पर्वत

189. विश्व का सबसे बड़ा नदी द्वीप माजुली असम के किस जिले में स्थित है?
(a) जोरहट   (b) डिब्रूगढ़
(c) थेमात्री   (d) तिनसुकिया

190. लक्षद्वीप नामक द्वीप निम्नलिखित किस स्थान पर स्थित है?
(a) अरब सागर
(b) बंगाल की खाड़ी
(c) हिन्द महासागर
(d) इनमें से कोई नहीं

191. यूरोप में आल्पस, उत्तरी अमरीका में रॉकीज, दक्षिण अमरीका में एण्डीज किसके उदाहरण है?
(a) वलित पर्वत
(b) ब्लॉक पर्वत
(c) विच्छेदित पर्वत
(d) ज्वालामुखी पर्वत

192. भूकम्पी तरंगें रिकार्ड की जाती है–
(a) बैरोग्राफ पर   (b) हाइड्रोग्राफ पर
(c) सीस्मोग्राफ पर   (d) पैन्टोग्राफ पर

193. हिमपात तब होता है, जब–
(a) जल की नन्हीं बूँदें जमकर धरातल पर गिरती हैं
(b) वर्षा की बूँदें जब हवा में ऊपर ले जायी जाती हैं
(c) वायु का ओसांक, हिमांक से नीचे आ जाता है
(d) वायु बहुत आर्द्र हो तथा यह आर्द्रता संवहन के कारण बढ़ती जाती है

194. 'मिटीरियोलॉजी' अध्ययन है–
(a) उल्का व उल्का पिण्डों का
(b) जलवायु का
(c) मौसम का
(d) लम्बाई को मापने का

195. आइसोहायट रेखा नक्शे में किसे युग्मक बिन्दु हैं?
(a) सम वर्षा (b) सम दाब
(c) सम तापमान (d) सम ऊँचाई

196. रेगिस्तान में बादल अवक्षेप होकर क्यों नहीं बरसते है?
(a) हवा की द्रुतगति
(b) कम दबाव
(c) कम तापमान
(d) कम आर्द्रता

197. नमी किस उपकरण से मापी जाती है?
(a) आर्द्रतामापी (b) जलमापी
(c) गैलवेनामापी (d) तापमापी

198. वायु-प्रवाह के बीच में पर्वतों के आ जाने से जो वर्षा होती है, उसे क्या कहते हैं?
(a) पर्वतीय वर्षा (b) चक्रवातीय वर्षा
(c) संवहनीय वर्षा (d) अभिवहन वर्षा

199. निम्न में से किसे प्रकृति का सुरक्षा 'वाल्व' कहा जाता है?
(a) भूकंप (b) ज्वालामुखी
(c) ओजोन गैस (d) नदियाँ

200. गल्फ स्ट्रीम उत्पन्न होती है–
(a) चक्रवात से
(b) तापक्रम से
(c) महासागरीय दबाव से
(d) जल स्तर में विभिन्नता से

201. विषुव प्रशान्त मण्डल एक क्षेत्र है–
(a) निम्न तापक्रम का
(b) निम्न वृष्टिपात का
(c) निम्न दाब का
(d) निम्न आर्द्रता का

202. अधिकेन्द्र शब्द किससे सम्बन्धित है?
(a) भूकम्प
(b) तूफान
(c) चक्रवात
(d) पृथ्वी का आन्तरिक भाग

203. रिफ्ट घाटी निम्नलिखित में से किसका परिणाम है?
(a) भूकम्प (b) वलन
(c) अपरदन (d) ये सभी

204. मुख्यत: निम्न गैस ग्लोबल वार्मिंग के लिए जिम्मेदार है–
(a) कार्बन डाईऑक्साइड
(b) कार्बन मोनोक्साइड
(c) नाइट्रस ऑक्साइड
(d) नाइट्रोजन परऑक्साइड

205. टॉरनेडो निम्नलिखित से मेल खाता है–
(a) चक्रवात
(b) बड़े मानसून का अचानक आ जाना
(c) मानसूनी विचि
(d) प्रतिचक्रवात

206. सुनामी है–
(a) चक्रवात (b) प्रतिचक्रवात
(c) भूकंप (d) अतिवृष्टि

207. टाइफून नामक चक्रवात से निम्नलिखित में से कौन-सा क्षेत्र प्रभावित होता है?
(a) ऑस्ट्रेलिया
(b) पश्चिमी द्वीप समूह क्षेत्र
(c) चीन सागर
(d) उपयुक्त सभी

208. ब्लीजार्ड की विशेषता है–
(a) भूमध्य रेखीय (b) उष्ण कटिबंधीय
(c) अंटार्कटिक (d) शीतोष्ण

209. मानसून हवाएँ हैं–
(a) स्थायी पवन
(b) मौसमी पवन
(c) स्थानीय पवन
(d) इनमें से कोई नहीं

210. भूमध्यरेखा के चतुर्दिक अश्व आक्षांश से डोलड्रम की ओर बहने वाली हवाएं कही जाती है?
(a) व्यापारिक हवाएँ
(b) पछुआ हवाएँ
(c) जेट प्रवाह
(d) पुरवा हवाएँ

211. मानसून का कारण है–
(a) हवाओं का मौसमी उत्क्रमण
(b) पृथ्वी का परिक्रमण
(c) बादलों की गति
(d) तापमान में वृद्धि

212. मौसम परिवर्तन के साथ दिशा के विपरीत बहती हुई हवा है–
(a) आंचलिक हवा
(b) ध्रुवीय हवा
(c) मानसून हवा
(d) चक्रीय हवा

213. फेरेल का सिद्धान्त किससे सम्बन्धित है?
(a) पवन की दिशा में
(b) पवन के वेग से
(c) लहरों की तीव्रता से
(d) इनमें से कोई नहीं

214. प्रातःकाल काफी मात्रा में ओस बनने का कारण–
(a) साफ आसमान और तेज हवाएँ
(b) साफ आसमान और शांत हवाएँ
(c) बादल और तेज हवाएँ
(d) बादल और शांत हवाएँ

215. दक्षिण-पश्चिम मानसून का समय क्या है?
(a) मध्य जनवरी-मध्य फरवरी
(b) मार्च-मध्य अप्रैल
(c) दिसम्बर-मार्च
(d) मध्य जून-सितंबर

216. निम्न में से कौन-सी स्थायी पवनों का उदाहरण है?

(a) मानसून
(b) घाटी एवं पर्वत समीर
(c) व्यापारिक पवन
(d) सागरीय एवं स्थल समीर

217. किस देश में सबसे अधिक पारा का उत्पादन होता है?
(a) यू०एस०ए०   (b) कनाडा
(c) इटली   (d) स्पेन

218. दक्षिण अफ्रीका में किम्बरले शहर किसके लिए प्रसिद्ध है?
(a) सोने की खानें
(b) लौह अयस्क की खानें
(c) अभ्रक की खानें
(d) हीरे की खानें

219. विश्व में चाय का सबसे बड़ा उत्पादक है–
(a) श्रीलंका   (b) चीन
(c) भारत   (d) पाकिस्तान

220. निम्नलिखित में से कौन-से क्षेत्र की मुख्य फसल चावल है?
(a) विषुवतरेखीय
(b) स्टेपी
(c) उष्णकटिबंधीय मानसूनी
(d) भूमध्य सागरीय

221. सबसे ज्यादा एस्बेस्टस कहाँ पाया जाता है?
(a) रूस
(b) कनाडा
(c) ऑस्ट्रेलिया
(d) इनमें से कोई नहीं

222. 'पिग्मी' जनजाति कहाँ से जुड़ी है?
(a) एशिया   (b) यूरोप
(c) अफ्रीका   (d) अमेरिका

223. एनू जनजाति कहाँ पायी जाती है?
(a) ईरान   (b) जापान
(c) अफगानिस्तान (d) पाकिस्तान

224. माओरी जनजाति कहाँ पाये जाते हैं?
(a) अटलांटिक महासागर के तटीय क्षेत्र
(b) कोलम्बिया
(c) न्यूजीलैंड
(d) उत्तरी चीन

225. डोगर बैंक प्रदर्शित करते हैं–
(a) यू०एस०ए० में अयस्क खदानें
(b) रूस के तेल क्षेत्र
(c) इंग्लैण्ड तथा डेनमार्क के मध्य मत्स्य क्षेत्र
(d) उस बैंक को जहाँ यू०एस०ए० की बुलियन रिजर्व निधि रखी जाती है

226. एशिया की विशाल नदी मेकांग निम्नलिखित देशों में से किसमें नहीं बहती है?
(a) चीन (b) मलेशिया
(c) कम्बोडिया (d) लाओस

227. निम्नलिखित देशों में से किसके साथ लाटविया की सीमाएँ नहीं मिलती हैं?
(a) रूस (b) एस्टोनिया
(c) लिथुआनिया (d) पोलैण्ड

228. उत्तर से दक्षिण की ओर जाते हुए नीचे दिये गये पाकिस्तानी नगरों का सही अनुक्रम क्या है?
(a) इस्लामाबाद-गुजरांवाला-पेशावर-मुल्तान
(b) पेशावर-इस्लामाबाद-गुजरांवाला-मुल्तान
(c) पेशावर-गुजरांवाला-मुल्तान-इस्लामाबाद
(d) इस्लामाबाद-मुल्तान-पेशावर-गुजरांवाला

229. निम्नलिखित में से किस एक संयत्र के लिए सतारा प्रसिद्ध है?
(a) ऊष्मा विद्युत संयन्त्र
(b) पवन ऊर्जा संयन्त्र
(c) जल-विद्युत ऊर्जा संयन्त्र
(d) नाभिकीय विद्युत संयन्त्र

230. सार्वजनिक सीमित कम्पनी के स्वामित्व वाला भारत का सार्वजनिक विमानपत्तन निम्नलिखित में से कौन-सा है?
(a) डबोलिन विमानपत्तन, गोवा
(b) कोचीन विमानपत्तन
(c) हैदराबाद विमानपत्तन
(d) बंगलौर विमानपत्तन

231. निम्नलिखित में से कौन-सा एक जैवमंडल आरक्षित क्षेत्र नहीं है?
(a) अगस्तमलई (b) नल्लामलई
(c) नीलगिरि (d) पंचमढ़ी

232. विश्व वन्यजीव कोष का प्रतीक है-
(a) ध्रुवीय भालू (b) सफेद भालू
(c) लाल पाण्डा (d) चीता

233. अपने परिक्रमा पथ में पृथ्वी लगभग किस माध्य वेग से सूर्य का चक्कर लगाती है?
(a) 30 किमी०/से (b) 20 किमी०/से
(c) 50 किमी०/से (d) 40 किमी०/से

234. निम्नलिखित देशों में से किसमें तमिल एक प्रमुख भाषा है?
(a) म्यांमार (b) इंडोनेशिया
(c) सिंगापुर (d) मारीशस

235. म्यामांर की प्रस्तावित नई प्रशासनिक राजधानी कौन-सी है?
(a) बेसीन (b) माण्डेल
(c) मितकीना (d) पिनमाना

236. विश्व की सबसे बड़ी प्रवाल भित्ति निम्नलिखित देशों में से किस देश के तट के निकट पायी जाती है?
(a) ऑस्ट्रेलिया (b) क्यूबा
(c) घाना (d) फिलीपीन्स

237. निम्नलिखित जलडमरूमध्यों में से किस एक में से निकली हुई सुरंग यूनाइटेड किंगडम और फ्रांस को जोड़ती है?
(a) डेविस जलडमरूमध्य
(b) डेनमार्क जलडमरूमध्य
(c) डोवर जलडमरूमध्य
(d) जिब्राल्टर जलडमरूमध्य

238. सूर्य और पृथ्वी के बीच औसत दूरी कितनी है?

(a) 70×15^5 किमी०

(b) 100×10^5 किमी०

(c) 110×10^6 किमी०

(d) 150×10^6 किमी०

239. निम्नलिखित में से कौन-सा एक जलडमरूमध्य अन्तर तिथि रेखा के सर्वाधिक निकट है?

(a) मलक्का जलडमरूमध्य

(b) बेरिंग जलडमरूमध्य

(c) फ्लोरिडा जलडमरूमध्य

(d) जिब्राल्टर का जलडमरूमध्य

240. निम्नलिखित में से किस एक में माल्टा अवस्थित है?

(a) भूमध्य सागर (b) बाल्टिक सागर

(c) काला सागर (d) उत्तरी सागर

241. जनसंख्या के घटते हुए क्रम में चीन और भारत के बाद कौन-से दो देश आते हैं?

(a) ब्राजील और संयुक्त राज्य अमेरिका

(b) संयुक्त राज्य अमेरिका और इण्डोनेशिया

(c) कनाडा और मलेशिया

(d) रूस और नाइजीरिया

242. निम्नलिखित नगरों में से कौन-सा नगर भूमध्य रेखा के सर्वाधिक निकट है?

(a) कोलम्बो (b) जकार्ता

(c) मनीला (d) सिंगापुर

243. निम्नलिखित में से किस देश में विश्व की बृहत्तम पशुधन समष्टि है?

(a) ब्राजील

(b) चीन

(c) भारत

(d) संयुक्त राज्य अमेरिका

244. सूर्य से दूरी के क्रम में निम्नलिखित में से कौन-से दो ग्रह, मंगल और यूरेनस के बीच है?

(a) पृथ्वी और मंगल

(b) शनि और पृथ्वी

(c) बृहस्पति और शनि

(d) शनि और वरूण

245. अफ्रीका की कौन-सी मकर रेखा को दो बार काटती है?

(a) कांगो (b) लिम्पोपो

(c) नाइजर (d) जैम्बेजी

246. निम्नलिखित देशों में से कौन-सा देश खनिज तेल का निर्यातक एवं आयातक दोनों है?

(a) चीन (b) रूस

(c) यू० के० (d) यू०एस०ए०

247. निम्नलिखित में से कौन-सा देश जनसंख्या के आधार पर विश्व का सबसे बड़ा इस्लामिक राष्ट्र है?

(a) बांग्लादेश (b) मिस्र

(c) इण्डोनेशिया (d) पाकिस्तान

248. वायुमण्डल में कार्बन-डाइऑक्साइड का प्रतिशत बढ़ जाने पर निम्नलिखित में से क्या घटित नहीं होगा?

(a) पृथ्वी गर्म हो जायेगी

(b) ध्रुवों पर बर्फ पिघल जायेगा

(c) समुद्र तट घट जायेगी

(d) वायु ताप पिघल जायेगा

249. अंग्रेजों द्वारा सर्वप्रथम कहवा बागान लगाये गये थे–

(a) चिकमंगलूर जनपद में

(b) दुर्ग जनपद में

(c) नीलगिरि जनपद में

(d) बायनाड जनपद में

250. निम्नलिखित में से कौन-सा स्थल अवरूद्ध देश नहीं है?

(a) अफगानिस्तान (b) लाइबेरिया

(c) लाओस (d) लक्जेम्बर्ग

251. दक्षिण अमेरिका का चौड़ा वृक्ष रहित घास का मैदान कहलाता है–
(a) सेल्वा (b) पम्पास
(c) प्रेयसी (d) स्टेपीज

252. निम्नलिखित में से कौन-सी दक्षिण अटलांटिक महासागर की शीतल धारा है?
(a) कैनेरी धारा (b) ब्राजील धारा
(c) अंगुलहास धारा (d) वैंग्युला धारा

253. संयुक्त राज्य अमरीका में निम्नलिखित में से किस क्षेत्र को 'टारनैडो ऐली' कहा जाता है?
(a) अटलांटिक समुद्रतट
(b) प्रशान्त तट
(c) मिसीसिपी मैदान
(d) अलास्का

254. निम्नलिखित में से कौन-सा सुमेलित नहीं है?
(a) चिनूक-संयुक्त राज्य अमेरिका
(b) सिरॉको-सिसिली
(c) बिलजर्ड-चिली
(d) नार्वेस्टर्स-भारत

255. 'मृतक घाटी' जानी जाती है, इसकी–
(a) अत्यधिक उष्णता के लिए
(b) अत्यधिक ठंड के लिए
(c) असामान्य गहराई के लिए
(d) अत्यधिक लवणता के लिए

256. मौनालोआ एक सक्रिय ज्वालामुखी है–
(a) अलास्का का (b) हवाई का
(c) इटली का (d) जापान का

257. कर्करेखा नहीं गुजरती है–
(a) मिस्र से (b) भारत से
(c) ईरान से (d) म्यांमार से

258. निम्नलिखित में से कौन घुमक्कड़ चरवाहे नहीं है?
(a) पिग्मी (b) कजाक
(c) मसाई (d) लैप

259. आज संसार में सर्वाधिक नगरीकृत देश है–
(a) जर्मनी
(b) जापान
(c) सिंगापुर
(d) संयुक्त राज्य अमेरिका

260. दस डिग्री चैनल पृथक् करता है–
(a) अण्डमान को निकोबार द्वीप से
(b) अण्डमान को म्यांमार से
(c) भारत को श्रीलंका से
(d) लक्षद्वीप को मालदीव से

261. निम्नलिखित में से कौन सुमेलित नहीं है?
(a) चिनूक-संयुक्त राज्य अमेरिका
(b) बूरन-सहारा
(c) बिलीजार्ड-चिली
(d) सामूम-ईरान

262. मानव-जनित पर्यावरणीय प्रदूषण कहलाते हैं–
(a) परजैविक (b) प्रतिजैविक
(c) ह्यूमेलिन (d) एनल्जेसिक

263. विश्व की हरित गृह गैसों में भारत का अधिभाग है–
(a) 1% (b) 2%
(c) 3% (d) 5%

264. वायुमंडल में ओजोन परत–
(a) वर्षा करती है
(b) प्रदूषण उत्पन्न करती है
(c) पराबैंगनी विकिरण से पृथ्वी पर जीवन की रक्षा करती है
(d) वायुमण्डल में ऑक्सीजन उत्पन्न करती है

265. क्षेत्रफल और आयतन के आधार पर विश्व की सबसे बड़ी झील है–
(a) अरब सागर (b) कैस्पियन सागर
(c) बैकाल झील (d) मिशीगन झील

266. विश्व के दो सबसे छोटे महाद्वीप हैं–
    (a) ऑस्ट्रेलिया और अंटार्कटिका
    (b) अंटार्कटिका और यूरोप
    (c) ऑस्ट्रेलिया और यूरोप
    (d) ऑस्ट्रेलिया और दक्षिण अमरीका

267. मानवीय जनसंख्या के श्रेष्ठतर जीवनयापन के लिए निम्न में से कौन-सा कदम सर्वाधिक महत्त्वपूर्ण है?
    (a) वनरोपण
    (b) खनन कार्य पर रोक
    (c) वन्य जंतुओं का संरक्षण
    (d) प्राकृतिक संसाधन के प्रयोग को कम करना

268. विश्व के सबसे अधिक जनसंख्या वाले दस देशों में, एशिया में है–
    (a) 3   (b) 4
    (c) 5   (d) 6

269. जनसंख्या वृद्धि का सर्वाधिक प्रतिशत जिस महाद्वीप के देशों में देखा गया है, वह है–
    (a) अफ्रीका   (b) एशिया
    (c) लैटिन अमरीका (d) ओशनिया

270. दक्षिण एशिया का सबसे घना बसा देश है–
    (a) बांग्लादेश   (b) भारत
    (c) मालदीव   (d) श्रीलंका

271. निम्नांकित में कौन-सा देश दक्षिण एशिया का सर्वाधिक नगरीकृत देश है?
    (a) भूटान   (b) भारत
    (c) पाकिस्तान   (d) श्रीलंका

272. विश्व के वन्य जीव भारत में पाये जाते हैं–
    (a) 5 प्रतिशत   (b) 2 प्रतिशत
    (c) 6 प्रतिशत   (d) 4 प्रतिशत

273. सेतुसमुद्रम परियोजना, जिन्हें जोड़ती है, वे हैं–

    (a) पाक खाड़ी और पाक जल संधि
    (b) पाक खाड़ी और बंगाल की खाड़ी
    (c) कुमारी अनतरीप और मन्नार की खाड़ी
    (d) मन्नार की खाड़ी और पाक खाड़ी

274. जी-8 राष्ट्रों के समूह में सम्मिलित हैं–
    (a) ब्रिटेन, चीन, जर्मनी एवं जापान
    (b) ब्रिटेन, फ्रांस, चीन एवं रूस
    (c) ब्रिटेन, जापान, दक्षिण अफ्रीका एवं यू०एस०ए०
    (d) ब्रिटेन, कनाडा, जर्मनी एवं इटली

275. सौरमण्डल में क्षुद्र ग्रह छोटे खगोलीय पिण्ड हैं, जो जिन ग्रहों के मध्य पाये जाते हैं, वे हैं–
    (a) बुध और शुक्र
    (b) बृहस्पति और शनि
    (c) मंगल और बृहस्पति
    (d) वरुण और शनि

276. सदाबहार वर्षा वन पाये जाते हैं?
    (a) ऑस्ट्रेलिया में (b) ब्राजील में
    (c) कनाडा में   (d) फ्रांस में

277. विश्व में पहला परमाणु बिजलीघर कहाँ स्थापित किया गया था?
    (a) ब्रिटेन में   (b) जर्मनी में
    (c) रूस में   (d) यू०एस०ए० में

278. विश्व जनसंख्या दिवस मनाया जाता है–
    (a) 8 मई को
    (b) 7 जून को
    (c) 11 जुलाई को
    (d) 15 सितम्बर को

279. निम्नलिखित भाषाओं में 'सुनामी' शब्द किस भाषा से सम्बन्धित है?
    (a) अरबी   (b) जापानी
    (c) हिब्रू   (d) लैटिन

280. शून्य अंश अक्षांश तथा शून्य अंश देशान्तर अवस्थित है–
(a) अटलांटिक महासागर में
(b) आर्कटिक महासागर में
(c) हिन्द महासागर में
(d) प्रशान्त महासागर में

281. संचार उपग्रह वायुमण्डल के किस स्तर में स्थापित किये जाते हैं?
(a) बर्हिमण्डल में
(b) समताप मण्डल में
(c) आयन मण्डल में
(d) क्षोभ मण्डल में

282. निम्नांकित में से कौन-सा विश्व का सबसे बड़ा पोताश्रय है?
(a) लन्दन (b) कोलम्बो
(c) रॉडरडाम (d) न्यूयार्क

283. अन्तर्राष्ट्रीय स्तर पर 'मेसाबी रेंज' जिस उत्पाद के लिए जाना जाता है, वह है–
(a) ताँबा (b) सोना
(c) लौह अयस्क (d) यूरेनियम

284. निम्नलिखित में से कौन 'धूम्र नगर' के नाम से जाना जाता है?
(a) कोलकाता (b) शिकागो
(c) लन्दन (d) लैन झाऊ

285. आलप्स पर्वत श्रेणी निम्नलिखित में से किस देश का हिस्सा नहीं है?
(a) फ्रांस (b) जर्मनी
(c) ऑस्ट्रिया (d) इंग्लैण्ड

286. एंडीज पर्वत श्रेणी निम्नलिखित में से किस महाद्वीप में स्थित है?
(a) ऑस्ट्रेलिया
(b) यूरोप
(c) दक्षिण अमरीका
(d) एशिया

287. मैक्सिको देश स्थित है–
(a) दक्षिण अमरीका महाद्वीप में
(b) उत्तर अमरीका महाद्वीप में
(c) अफ्रीका महाद्वीप में
(d) यूरोप महाद्वीप में

288. पृथ्वी के अन्दर पिघले पदार्थ को कहते हैं–
(a) लावा
(b) बैसाल्ट
(c) ऑब्सीडियन
(d) इनमें से कोई नहीं

289. निम्नलिखित में से अलास्का किस देश का हिस्सा है?
(a) ग्रीनलैण्ड
(b) यू०एस०ए०
(c) कनाडा
(d) यूनाइटेड किंगडम

290. लावा के ठोस होने के फलस्वरूप पृथ्वी के अन्दर निर्मित चट्टानों को कहते हैं–
(a) प्लूटोनिक चट्टानें
(b) वाल्केनिक चट्टानें
(c) रूपान्तरित चट्टानें
(d) पर्तदार चट्टानें

291. निम्नलिखित में से कौन-सा रूपान्तरित चट्टानों का उदाहरण नहीं है?
(a) संगमरमर (b) क्वार्टजाइट
(c) स्लेट (d) ग्रेनाइट

292. हिमालय के हिमनदों के पिघलने की गति–
(a) सबसे कम है
(b) सबसे अधिक है
(c) विश्व के अन्य भागों में हिमनदों के समान है
(d) हिमालय के हिमनदों के पिघलने के विषय में सूचना उपलब्ध नहीं है

293. अपक्षय का विचार सम्बन्धित है–
(a) पृथक् हुए पदार्थों का संग्रह
(b) मौसम में दैनिक परिवर्तन
(c) एक प्राकृतिक क्रिया जो चट्टानों को सूक्ष्म कणों में विभक्त करती है
(d) इनमें से कोई नहीं

294. दुनिया में सर्वाधिक आण्विक खनिज उत्पादक देश निम्नलिखित में से कौन-सा है?
(a) रूस (b) चीन
(c) यू०एस०ए० (d) कनाडा

295. कोयला एक उदाहरण है–
(a) आग्नेय शैलों का
(b) रूपान्तरित शैलों का
(c) परतदार चट्टानों का
(d) उपर्युक्त सभी का

296. संगमरमर है–
(a) पुनर्रवीकृत चूना पत्थर
(b) एक आग्नेय शैल
(c) बलुआ पत्थर
(d) कार्बनिक पदार्थ से अकार्बनिक पदार्थ में परिवर्तित होने से निर्मित

297. एशिया के निम्नलिखित देशों में से किस देश में जन्म दर सबसे कम है?
(a) नेपाल (b) भूटान
(c) श्रीलंका (d) मालदीव

298. दक्षिण एशिया के निम्नलिखित में देशों में से क्षेत्रफल की दृष्टि से कौन सबसे छोटा है?
(a) मालदीव (b) भूटान
(c) श्रीलंका (d) बांग्लादेश

299. किस नगर को निषिद्ध नगर कहा जाता है?
(a) शंघाई (b) सेन फ्रांसिस्को
(c) न्यूयॉर्क (d) ल्हासा

300. यलो स्टोन नेशनल पार्क स्थित है–
(a) मैक्सिको में
(b) दक्षिण अफ्रीका में
(c) यू०एस०ए० में
(d) कनाडा में

301. विश्व पर्यावरण दिवस निम्नलिखित में से किस तारीख को मनाया जाता है?
(a) 5 जून (b) 2 अक्टूबर
(c) 10 नवम्बर (d) 19 नवम्बर

302. ऐण्ड्रागोगी क्या है?
(a) प्रौढ़ शिक्षा का दूसरा नाम
(b) कृषि विज्ञान में फसल बोने की एक पद्धति
(c) एक जंगली पौधा
(d) बाल अपराधी

303. रिंग ऑफ फायर सम्बद्ध है–
1. भूकम्प से
2. ज्वालामुखी से
3. प्रशान्त महासागर से
4. जंगल की आग से
अपना उत्तर नीचे दिये गये कूट की सहायता से चुनिए–
कूटः
(a) 1, 2 और 3 (b) 2 और 3
(c) 2 और 4 (d) 1, 2, 3 और 4

304. निम्नलिखित को आकार के अनुसार घटते हुए क्रम में लगाइए तथा नीचे दिये गये कूट से सही उत्तर चुनिए–
1. बृहस्पति 2. यूरेनस
3. पृथ्वी 4. शनि
(a) 1, 4, 3, 2 (b) 4, 1, 2, 3
(c) 1, 4, 2, 3 (d) 4, 1, 3, 2

305. ओजोन छिद्र का निर्माण सर्वाधिक है–
(a) भारत के ऊपर
(b) अफ्रीका के ऊपर
(c) अंटार्कटिका के ऊपर
(d) यूरोप के ऊपर

306. निम्नलिखित में से कौन-सा विकल्प अन्य तीन से भिन्न है?
(a) हेमेटाइट (b) मैग्नेटाइट
(c) लिमोनाइट (d) बॉक्साइट

307. अणु शक्ति से नहीं सम्बन्धित खनिज को पहचानिए–
(a) क्रोनियम (b) थोरियम
(c) बेरीलियम (d) मोनोजाइट

308. गोवी मरूस्थल किस देश में स्थित है?
(a) मैक्सिको (b) सोमालिया
(c) मिस्र (d) मंगोलिया

309. सूची-I को सूची-II से कूट के आधार पर सुमेलित कीजिए-

सूची-I	सूची-II
A. ध्रुवतारा	1. गुरुत्वाकर्षण
B. पृथ्वी	2. ध्वनि
C. ग्रीनलैण्ड	3. आर्कटिक महासागर
D. विस्फोट	4. उत्तर

कूट :	A	B	C	D
(a)	4	3	1	2
(b)	4	1	2	3
(c)	4	2	3	1
(d)	4	1	3	2

310. 38वीं समान्तर सीमा रेखा निम्नलिखित में से किन दो देशों को विभाजित करती है?
(a) पोलैण्ड और जर्मनी
(b) पाकिस्तान और अफगानिस्तान
(c) भारत और तिब्बत
(d) उत्तरी-कोरिया एवं दक्षिण कोरिया

311. निम्नलिखित में से कौन-सी जोड़ी सुमेलित नहीं है?
(a) चिली-सेंटियागो
(b) अर्जेन्टीना-ब्यूनसआयर्स
(c) उत्तर कोरिया-सिओल
(d) इथियोपिया-अदिस अबाबा

312. विश्व की सबसे ऊँची चोटियाँ किस प्रकार के पर्वतों में पायी जाती है?
(a) प्राचीन मोड़दार पर्वत
(b) नवीन मोड़दार पर्वत
(c) अवशिष्ट पर्वत
(d) ब्लॉक पर्वत

313. पृथ्वी परिभ्रमण करती हुई प्रति मिनट करीब-करीब कितनी दूरी तय कर लेती है?
(a) 28 किमी० (b) 59 किमी०
(c) 69 किमी० (d) 79 किमी०

314. विश्व का कौन-सा देश मुलायम लकड़ी एवं लकड़ी की लुग्दी का सबसे बड़ा उत्पादक एवं निर्यातक है?
(a) यू०एस०ए० (b) नार्वे
(c) स्वीडन (d) कनाडा

315. अफ्रीका की मूलभूत जनजाति 'पिग्मी' किस नदी घाटी में पायी जाती है?
(a) नाइजर (b) कांगो
(c) नील (d) जम्बेजी

316. विश्व के विशालतम स्वर्ण क्षेत्र दक्षिण अफ्रीका की निम्नलिखित में से कौन-सी पर्वत श्रेणियों में अवस्थित हैं?
(a) रोगे वेल्डबर्ग (b) ग्रूट स्वार्टबर्ग
(c) विटवाटर्सरेण्ड (d) ड्रैकेन्सबर्ग

317. विश्व के 80 प्रतिशत सक्रिय ज्वालामुखी निम्नलिखित में से किन पेटियों में पाये जाते हैं?
1. अन्ध महासागरीय पेटी
2. मध्य-महाद्वीपीय पेटी
3. परि-प्रशान्त पेटी

4. हिन्द महासागरीय पेटी
(a) 2 और 3 (b) 1 और 3
(c) 3 और 4 (d) 1 और 2

318. निम्नलिखित में से कौन-से प्रमुख समूह में हमें विश्व की दो-तिहाई जनसंख्या का मधुमक्खी छत्ते की भाँति संकेन्द्रण देखने को मिलता है?
(a) पूर्वोत्तर संयुक्त राज्य अमेरिका
(b) मध्य यूरोप
(c) दक्षिण एवं पूर्व एशिया
(d) पश्चिमी यूरोप

319. इजराइल की उभयनिष्ठ सीमाएँ हैं–
(a) लेबनान, सीरिया, जॉर्डन तथा मिस्र के साथ
(b) लेबनान, सीरिया, टर्की तथा जॉर्डन के साथ
(c) लेबनान, टर्की, जॉर्डन तथा मिस्र के साथ
(d) लेबनान, सीरिया, इराक, तथा मिस्र के साथ

320. यूरोप की एक पर्वत श्रृंखला है–
(a) आल्पस (b) हिमालय
(c) एण्डीज (d) रॉकी

321. दक्षिणी गोलार्द्ध में सबसे बड़ा दिन है–
(a) 22 जून (b) 22 दिसम्बर
(c) 21 मार्च (d) 22 सितम्बर

322. दक्षिण अमरीका की सबसे बड़ी नदी है–
(a) अमेजन (b) नील
(c) मिसीसिपी (d) गंगा

323. टाइफून नामक चक्रवात से निम्नलिखित में से कौन-सा क्षेत्र अधिक प्रभावित होता है?
(a) ऑस्ट्रेलिया (b) चीन सागर
(c) एशिया (d) अमेरिका

324. निम्नलिखित में से कौन-सी शीतल धारा है?
(a) वेनेजुएला (b) क्यूरोशिवो
(c) गेल्फ स्ट्रीम (d) ब्राजील

325. पॉडजोल क्या है?
(a) शुष्क प्रदेशों की मिट्टी
(b) कोणधारी वन प्रदेशों में पायी जाने वाली मिट्टी
(c) अत्यधिक उर्वर जलोढ़ मिट्टी
(d) उपरोक्त में से कोई नहीं

326. विश्व में सबसे अधिक कपास का उत्पादन कहाँ होता है?
(a) भारत (b) मिस्र
(c) अमेरिका (d) रूस

327. 'दक्षिण गंगोत्री' स्थित है–
(a) उत्तराखण्ड में (b) आर्कटिक में
(c) हिमालय में (d) अंटार्कटिका में

328. पृथ्वी तल की आयु लगभग कितनी पुरानी मानी जाती है?
(a) 300 बिलियन वर्ष
(b) 406 बिलियन वर्ष
(c) 150 बिलियन वर्ष
(d) 100 बिलियन वर्ष

329. तिब्बत के पठार की समुद्र तल से ऊँचाई है–
(a) 2 किमी॰ (b) 3 किमी॰
(c) 4 किमी॰ (d) 5 किमी॰

330. अपनति और अविनति सम्बन्धित है–
(a) मोड
(b) भ्रंश
(c) परिघटन
(d) मेमापोलियन कास्ट

331. एक विमान 30° उत्तरी अक्षांश, 50° पूर्वी देशान्तर से उड़ान भरता है और पृथ्वी पर विपरीत सिरे पर नीचे उतरता है। वह कहाँ उतरेगा?
(a) 30° उत्तरी अक्षांश, 50° पश्चिमी देशान्तर
(b) 30° दक्षिणी अक्षांश, 50° पूर्वी देशान्तर
(c) 50° उत्तरी अक्षांश, 30° पश्चिमी देशान्तर
(d) 30° दक्षिणी अक्षांश, 30° पश्चिमी देशान्तर

332. विली–विली है–
(a) मानसूनी हवा
(b) ऑस्ट्रेलिया में चलने वाला उष्ण कटिबंधीय चक्रवात
(c) जनजाति
(d) ठंडी धारा

333. विश्व में उपयोग में लायी जाने वाली प्रथम धातु थी–
(a) ताँबा (b) सोना
(c) चाँदी (d) लोहा

334. बेंगई क्या है?
(a) पश्चिम एशिया की जनजाति
(b) मध्य एशिया में बहने वाला तूफान
(c) अमरीका में चलने वाला चक्रवात
(d) व्यापारिक भवन

335. मोनोजाइट किसका अयस्क है?
(a) जर्कोनियम (b) थोरियम
(c) टाइटेनियम (d) लौह

336. अप्रत्यक्ष उच्च ज्वार उत्पन्न होने का कारण है–
(a) चन्द्रमा का गुरुत्वाकर्षण बल
(b) सूर्य का गुरुत्वाकर्षण बल
(c) पृथ्वी का अपकेन्द्रीय बल
(d) पृथ्वी का गुरुत्वाकर्षण बल

337. दिन-रात जिस कारण होते हैं, वह है–
(a) भू-परिभ्रमण
(b) भू-परिक्रमण
(c) पृथ्वी के अक्ष के झुकाव
(d) 91° पश्चिम

338. एक स्थान की जो सही अक्षांशीय स्थिति हो सकती है, वह है–
(a) 91° उत्तर (b) 45° पूर्व
(c) 45° दक्षिण (d) 91° पश्चिम

339. सूर्यग्रहण होता है–
(a) प्रत्येक पूर्णिमा को
(b) प्रत्येक अमावस्या को
(c) सूर्य-पृथ्वी-चन्द्रमा के एक परिक्रमण काल तल पर आने से
(d) सूर्य-पृथ्वी-चन्द्रमा के एक परिक्रमण पर नहीं आने से

340. जिस अक्षांश पर वार्षिक तापान्तर न्यूनतम होता है, वह है–
(a) भूमध्य रेखा (b) कर्क रेखा
(c) मकर रेखा (d) उत्तरी ध्रुव वृत्त

341. अगुलहास धारा चलती है–
(a) प्रशान्त महासागर में
(b) हिन्द महासागर में
(c) उत्तरी अटलाण्टिक महासागर में
(d) दक्षिणी अटलाण्टिक महासागर में

342. विश्व में केले का सबसे बड़ा उत्पादक देश है?
(a) कोलम्बिया (b) जिम्बाब्वे
(c) मलेशिया (d) भारत

343. किस वर्ष में सोवियत संघ रूस बना?
(a) 1989 में (b) 1990 में
(c) 1991 में (d) 1992 में

344. विश्व में दूसरी सबसे अधिक लोगों द्वारा बोली जाने वाली भाषा है–
(a) हिन्दी
(b) स्पेनिश
(c) अंग्रेजी
(d) चाइनीज, मेन्डारिन

345. निम्नलिखित में से कौन सुमेलित नहीं है?
(a) चापाकार डेल्टा-इरावदी
(b) पंजाकार डेल्टा-मिसीसिपी
(c) अग्रवर्धी डेल्टा-टाइवर
(d) पालयुक्त डेल्टा-सिन्धु

346. निम्नलिखित में से कौन सुमेलित है?
(a) डोलड्रम-5° उत्तर-दक्षिण अक्षांश तक
(b) पछुआ पवनें-30°-40° उत्तर-दक्षिण अक्षांश के मध्य
(c) ध्रुवीय पवनें-60°-70° उत्तर-दक्षिण अक्षांश के मध्य
(d) व्यापारिक पवनें-उत्तर-पश्चिम से दक्षिण-पूर्व

347. निम्नलिखित में से पृथ्वी की दैनिक गति से नहीं होती–
(a) दिन-रात का होना
(b) ज्वार-भाटे का होना
(c) स्थान की स्थिति का ज्ञान
(d) ऋतु परिवर्तन

348. यदि ग्रीनविच में दोपहर के 12 बजे हैं, तो न्यूयॉर्क में क्या समय होगा?
(a) 7.04 AM (b) 7.04 PM
(c) 6.00 PM (d) 4.56 AM

349. निम्नलिखित में से कौन-सी आग्नेय शैल नहीं है?
(a) ग्रेनाइट (b) डोलोमाइट
(c) लिग्नाइट (d) फैकोलिथ

350. महाद्वीप स्खलन का सिद्धान्त दिया–
(a) डेली ने (b) बेगनर ने
(c) जॉली ने (d) ग्रीन ने

351. किस ग्रह का अपने अक्ष पर झुकाव 0° है?
(a) शुक्र
(b) नेप्च्यून
(c) बृहस्पति
(d) उपर्युक्त में से कोई नहीं

352. ज्वालामुखी राख से बनी चट्टानों को क्या कहते हैं?
(a) टफ (b) लैकोलिथ
(c) सिलिसिक (d) स्लेट

353. केला और अन्नास मुख्यत: उगते हैं–
(a) पहाड़ी क्षेत्रों में
(b) मरुद्यानों में
(c) उष्ण कटिबंधीय क्षेत्रों में
(d) भूमध्यसागरीय क्षेत्रों में

354. प्रत्येक ज्वार के आने का समल अंतराल है–
(a) 12 घंटे 25 मिनट
(b) 24 घंटे 50 मिनट
(c) 12 घंटे
(d) 12 घंटे 26 मिनट

355. निम्नलिखित में से कौन सदाबहार वन में नहीं आता?
(a) शीशम
(b) तुन
(c) सागौन
(d) उपर्युक्त में से कोई नहीं

356. तापमान 10°C-26°C, वर्षा 25 सेमी से 75 सेमी, मिट्टी दोमट तथा खाद नाइट्रोजन एवं अमोनियम सल्फेट, यह विवरण किस फसल से सम्बन्धित है?
(a) गेहूँ (b) चावल
(c) कपास (d) गन्ना

357. इनमें से कौन-सी भोजन एकत्रित करने वाली जाति है?
(a) बुशमैन (b) पिग्मी
(c) मसाई (d) एस्किमो

358. 'पृथ्वी के परिभ्रमण के कारण पवनें उत्तरी गोलार्द्ध में बायीं ओर और दक्षिणी गोलार्द्ध में दायीं ओर मुड़ जाती हैं' नियम प्रतिपादित किया गया–
(a) फैरल द्वारा
(b) वाइजवैल्ट द्वारा
(c) कोरिओलिस द्वारा
(d) हैडले द्वारा

359. भूगर्भिक समय मापक्रम का सबसे प्राचीन खण्ड है–
(a) धारवाड़ प्रणाली
(b) आधकल्प शैल समूह
(c) कुडप्पा प्रणाली
(d) विन्ध्य प्रणाली

360. इक्वाडोर का चिम्बोरेजी ज्वालामुखी निम्न में से किस श्रेणी में आता है?
(a) शान्त
(b) सक्रिय
(c) प्रसुप्त
(d) उपर्युक्त में से कोई नहीं

361. निम्नलिखित में से कौन-सा कथन असत्य है?
(a) लौह अयस्क आग्नेय अथवा कायंतरित शैलों से मिलता है
(b) सामाजिक वानिकी तथा पर्यावरण केन्द्र इलाहाबाद में है
(c) मैंगनीज का प्रयोग तांबे की पूरक धातु के रूप में होता है
(d) किंकी औद्योगिक क्षेत्र जापान में स्थित है

362. आग्नेय शैल में निम्नलिखित कौन-से तत्त्व नहीं पाये जाते हैं?
(a) मैग्ना के ठण्डे होने के कारण बने हैं
(b) इसे परतदार चट्टान भी कहते हैं

(c) सिल और डाइक पाये जाते हैं
(d) ग्रेनाइट और बेसाल्ट आग्नेय शैल के उदाहरण हैं

363. निम्नलिखित में से कौन-सा कारक 'विषम जलवायु प्रकार' के लिए मुख्यतः उत्तरदायी है?
(a) धरातल से दूरी
(b) महासागरीय धाराएँ
(c) सागर से दूरी
(d) अक्षांश

364. लिग्नाइट किस प्रकार का कोयला है?
(a) उत्तर कोटि
(b) सामान्य कोटि
(c) मध्यम कोटि
(d) निम्न स्तर

365. गेहूँ किस जलवायु की फसल है?
(a) शील जलवायु
(b) शीतोष्ण जलवायु
(c) आर्द्र जलवायु
(d) शुष्क जलवायु

366. निम्नलिखित में से किस कटिबंध पर वर्ष में कम-से-कम एक बार दिन अथवा रात्रि की लम्बाई 24 घंटे की अवधि की होती है?
(a) शीत कटिबंध
(b) उष्ण कटिबंध
(c) शीतोष्ण कटिबंध
(d) इनमें से कोई नहीं

367. नाथू ला हिमालय में स्थित है, ला से अभिप्राय है–
(a) हिमनदी
(b) दर्रा
(c) छोटी पहाड़ी
(d) हिम दरार

368. स्टैलैक्टाइट स्थलाकृति का निर्माण होता है–
(a) भूमिगत जल द्वारा
(b) नदी द्वारा
(c) हिमानी द्वारा
(d) सागरीय लहरों द्वारा

369. निम्नलिखित में से कौन-सा कथन असत्य है?
(a) परत अपरदन में गहरी नालियाँ बनती है
(b) चीका मिट्टी में कण बहुत महीन होते हैं
(c) काली मिट्टी को रूसी भाषा में चरनोजम कहा जाता है
(d) ज्वालामुखी क्रिया से बनने वाली मिट्टी ज्वालामुखी मिट्टी कहलाती है

370. शिकार करने हेतु 'हारपून' नामक यंत्र का प्रयोग किसके द्वारा किया जाता है?
(a) बुशमैन
(b) एस्किमो
(c) पिग्मी
(d) किरगीज

371. संयुक्त राज्य अमेरिका और कनाडा में रॉकी पर्वत श्रेणी के पूर्वी ढाल के साथ चलने वाली शुष्क स्थानीय पवन है–
(a) फॉन
(b) चिनूक
(c) सिरॉको
(d) बोरा

372. मिनीमाता घटना जो पर्यावरण अवनयन का उदाहरण है निम्नलिखित में किस कारण से सम्बन्धित है?
(a) वायु प्रदूषण
(b) न्यूक्लीयर दुर्घटना
(c) तापीय प्रदूषण
(d) जल प्रदूषण

373. निम्नलिखित समूहों में से कौन-सी जनजातियाँ अपना जीवनयापन खाद्यान्न संग्रह तथा शिकार में करती है?
(a) बुशमैन, पिग्मी तथा एस्किमो
(b) मसाई, किरगीज तथा बोरो
(c) पिग्मी, एस्किमो तथा किरगीज
(d) बोरो, बुशमैन तथा मसाई

374. निश्चित सीमा व निश्चित दिशा में तीव्रगति से बहने वाली जलराशि को कहते हैं?
(a) अपवाह
(b) धारा
(c) विशाल धारा या प्रवाह
(d) जेट स्ट्रीम

375. निम्न वायुदाब केन्द्र कहलाता है–
(a) प्रतिचक्रवात
(b) कुहरा
(c) चक्रवात
(d) वाताग्र

376. कैरेबियन सागर में उत्पन्न होने वाले तूफान को कहते हैं–
(a) चक्रवात
(b) हरीकेन
(c) टाइकून
(d) चिनूक

377. फेरल का नियम सम्बन्धित है–
(a) वायु संचार से
(b) रेलमार्ग से
(c) समुद्री मार्ग से
(d) वर्षा से

378. किस प्रदेश में पूरे साल वर्षा होती है?
(a) भूमध्यसागरीय
(b) विषुवतीय
(c) उष्णकटिबंधीय
(d) शीतोष्ण

379. किसी नदी के खड़े पार्श्व वाली गहरी व संकीर्ण घाटी को कहते हैं?
(a) कगार
(b) कटक
(c) भृगु
(d) महाखड्ड

380. सहारा में प्रवाहित होने वाली गर्म-शुष्क पवन कहलाती है–
(a) सिरक्को
(b) चिनूक
(c) फान
(d) मिस्ट्रल

381. निम्नलिखित में से कौन-सा ज्वालामुखी मेक्सिको में स्थित है?
(a) सेमेरू
(b) पुरासे
(c) कोलिना
(d) इटना

382. जेट धाराएँ प्राय: कहाँ पायी जाती है?

(a) ओजोन मंडल में

(b) क्षोभ सीमा में

(c) मध्यमण्डल

(d) आयनमण्डल में

383. बंगाल की खाड़ी में बने चक्रवातों की सामान्य दिशा क्या होती है?

(a) उत्तर से पश्चिम

(b) पश्चिम से पूर्व

(c) पश्चिम से दक्षिण

(d) उत्तर से दक्षिण

384. अक्षांश, भूपृष्ठ पर भूमध्य रेखा के उत्तर या दक्षिण, एक बिन्दु की कोणीय दूरी है, जो–

(a) पृथ्वी के केन्द्र से मापी जाती है

(b) भूमध्य रेखा से मापी जाती है

(c) कर्क रेखा या मकर रेखा से मापी जाती है

(d) ध्रुवों से मापी जाती है

385. पृथ्वी पर सबसे उच्चतम तापक्रम रिकॉर्ड किये जाते हैं–

(a) भूमध्य रेखा पर

(b) 10° उत्तर अक्षांश पर

(c) 20° उत्तरी अक्षांश पर

(d) 25° उत्तरी अक्षांश पर

386. ग्रीष्म अयनान्त प्रतिवर्ष होता है–

(a) 23 सितम्बर को

(b) 21 मार्च को

(c) 4 जुलाई को

(d) 21 जून को

387. सूर्य से पृथ्वी की दूरी कितनी है?

(a) 107.7 मिलियन किमी॰

(b) 142.7 मिलियन किमी॰

(c) 146.6 मिलियन किमी॰

(d) 149.6 मिलियन किमी॰

388. निम्नलिखित में से किसे आप सामान्य रूप से 'टॉरनेडो' से सम्बद्ध करेंगे?

(a) यू॰एस॰ए॰

(b) चीन सागर

(c) मेक्सिको की खाड़ी

(d) हिन्द महासागर

389. निम्नलिखित नदी घाटी परियोजनाओं में से किस एक का लाभ एक से अधिक राज्यों को प्राप्त होता है?

(a) चम्बल घाटी परियोजना

(b) शारावती परियोजना

(c) हीराकुड परियोजना

(d) मयूराक्षी परियोजना

390. निम्नलिखित अक्षांशों उत्तरी अथवा दक्षिणी में से किसे आप 'हॉर्स अक्षांश' से सम्बद्ध करेंगे?

(a) 45°   (b) 23½°

(c) 30°   (d) 60°

391. निम्नलिखित में से कौन 'रेजीड्यूल पर्वत' का उदाहरण है?

(a) हिमावली   (b) किलीमंजारो

(c) एटना   (d) अरावली

392. निम्नलिखित में से कौन एक शीतल धारा नहीं है?

(a) कैलिफोर्निया करेन्ट

(b) जापानी करेन्ट

(c) लैब्राडोर करेन्ट

(d) फॉकलैण्ड करेन्ट

393. समलवण रेखा एक काल्पनिक रेखा है, जो उन स्थानों को जोड़ती है, जहाँ समान–

(a) विकिरण होता है
(b) आतपन होता है
(c) लवणता होता है
(d) धूप होती है

394. पृथ्वी का 'अलबिडो' मुख्यत: प्रभावित होता है–
(a) मेघाच्छादन से
(b) वायुमण्डल में धूलकणों से
(c) वायुमण्डलीय परतों से
(d) पृथ्वी के धरातल की प्रकृति से

395. मौनालोआ एक सक्रिय ज्वालामुखी है–
(a) अलास्का का
(b) जापान का
(c) हवाई-द्वीप का
(d) फिलीपाइन्स का

396. क्यूरोशिवो जलधारा के फलस्वरूप उत्तरी प्रशांत महासागर में तापमान की बढ़त ज्यादा स्पष्ट होती है–
(a) गर्मी में (b) ठण्ड में
(c) शिशिर ऋतु (d) वसंत ऋतु

397. कौन-सा प्रदेश संसार का 'ब्रेड बास्केट' कहलाता है?
(a) शीतोष्ण घास का मैदान
(b) सवाना घास का मैदान
(c) भूमध्यसागरीय प्रदेश
(d) मध्यअक्षांशीय वन

398. 'इग्लू' घरों पर बर्फ की चादर कार्य करती है–
(a) ताप प्रवाहक का
(b) ताप परावर्तक का
(c) ताप के सुचालक का
(d) ताप के कुचालक का

399. निम्नांकित में से कौन-सा एक देश 'हॉर्न ऑफ अफ्रीका' में स्थित है?
(a) तंजानिया (b) इथोपिया
(c) इजिप्ट (d) सूडान

400. माया सभ्यता का विकास हुआ था–
(a) मध्य अमरीका में
(b) एण्डियन अमरीका में
(c) नील नदी की घाटी में
(d) गंगा नदी की घाटी में

401. निम्नलिखित में से कौन-सी प्रक्रिया ओजोन निर्माण से सम्बन्धित है–
(a) प्रकाश रासयनिक प्रक्रिया
(b) प्रकाश संश्लेषण प्रक्रिया
(c) रसायन संश्लेषण प्रक्रिया
(d) हाइड्रोलिसिस प्रक्रिया

402. निम्नलिखित में से किसे 'विश्व का फेफड़ा' कहते हैं?
(a) मैंग्रोव वन
(b) मध्य अक्षांशीय मिश्रित वन
(c) टैगा वन
(d) भूमध्यरेखीय सदाबहार वन

403. टोडा जनजाति के ग्रामीण अधिवासों का प्रारूप क्या है?
(a) मधुमक्खी छत्ता प्ररूप
(b) सीढ़ी प्रारूप
(c) जूते की डोरी प्रारूप
(d) अनाकार प्रारूप

404. अधिपादप मुख्यत: पाये जाते हैं–
(a) कोणधारी वनों में
(b) मानसूनी वनों में
(c) सवाना वनस्थली में
(d) विषुवतीय वनों में

405. विश्व के वन आवरण का सर्वोच्च प्रतिशत सम्बन्धित है–
(a) शीतोष्ण कटिबन्धीय शंकुधारी वन से
(b) शीतोष्ण कटिबन्धीय पर्णपाती वन से
(c) उष्णकटिबन्धीय मानसूनी वन से
(d) उष्णकटिबन्धीय वर्षा वन से

406. विश्व में मदिरा का वृहत्तम उत्पादक है–
(a) स्पेन
(b) फ्रांस
(c) इटली
(d) संयुक्त राज्य अमरीका

407. 'एक फसली' कृषि विशेषता है–
(a) व्यापारिक अन्न कृषि का
(b) चलवासी कृषि का
(c) आत्मनिर्भरता मूलक कृषि का
(d) जैविक कृषि

408. 'फॉन' एक स्थानीय पवन है–
(a) चीन की
(b) कोरिया की
(c) जापान की
(d) स्विट्जरलैण्ड की

409. सर्वाधिक एलबिडो होता है–
(a) हिमाच्छादित धरातल से
(b) रेत से
(c) घास से
(d) शुष्क धरातल से

410. सागर में भूकम्पीय लहरें किस नाम से जानी जाती है?
(a) सर्ज (b) स्वेल
(c) सेश (d) सुनामिस

411. समुद्री जल में पाये जाने वाले लवणों में सर्वाधिक मात्रा किसकी होती है?
(a) सोडियम क्लोराइड
(b) मैग्नीशियम सल्फेट
(c) मैग्नीशियम क्लोराइड
(d) कैल्सियम सल्फेट

412. एल निनो क्या है?
(a) वायुमण्डल की ऊपरी परतों पर चलने वाली वायुधारा
(b) भारतीय मानूसन की तीव्रता में सहायक व्यापारिक पवन
(c) पेरू के पश्चिमी तट पर प्रवाहित उष्ण जलधारा
(d) पश्चिमी यूरोप के तट पर प्रवाहित शीत जलधारा

413. 'प्रथम सूर्योदय का देश' किसे कहा जाता है?
(a) फिलीपीन्स को
(b) जापान को
(c) ताइवान को
(d) दक्षिणी कोरिया को

414. भूकम्प के उद्‌गम केन्द्र जिसे छाया क्षेत्र कहते हैं, में कौन-सी भूकम्पी तरंग पहुँच पाती है?
(a) पी० तरंगें (b) एस० तरंगें
(c) पृष्ठीय तरंगें (d) अंतिम तरंगें

415. सुमेलित कीजिए–

सूची-I	**सूची-II**
A. अवशिष्ट पर्वत	1. मोनालोआ
B. ज्वालामुखी पर्वत	2. नीलगिरि
C. खण्ड पर्वत	3. ब्लैक फॉरेस्ट
D. वलित पर्वत	4. हिमालय

कूट :	**A**	**B**	**C**	**D**
(a)	4	3	2	1
(b)	1	2	4	3
(c)	1	2	3	4
(d)	2	1	3	4

416. मेसेटा का पठार कहाँ है?

(a) मैक्सिको

(b) ब्राजील

(c) स्पेन तथा पुर्तगाल

(d) उत्तर पूर्वी अफ्रीका

417. पोटवार पठार निम्न में से किस देश में स्थित है?

(a) वियतनाम (b) म्यांमार

(c) भूटान (d) पाकिस्तान

418. लोयस का पठार किस प्रकार का पठार है?

(a) हिमानीकृत (b) जलकृत

(c) पवनकृत (d) नदीकृत

419. मैदान की गणना किस श्रेणी के स्थल रूपों में की जाती है?

(a) प्रथम श्रेणी

(b) द्वितीय श्रेणी

(c) तृतीय श्रेणी

(d) इनमें से कोई नहीं

420. किस स्थल रूप को 'सभ्यता का पालना' कहा जाता है?

(a) पर्वत (b) पहाड़

(c) पठार (d) मैदान

421. पवन अपरदित मैदान में यत्र-तत्र पाये जाने वाले प्रतिरोधी चट्टानों के अवशेष टीलों को क्या कहा जाता है?

(a) मोनेडनॉक

(b) इन्सेलबर्ग

(c) ह्यूम्स

(d) इनमें से कोई नहीं

422. निम्न में से कौन-सी पर्वत श्रृंखला विश्व में सबसे बड़ी है?

(a) हिमालय (b) एण्डीज

(c) काकेशस (d) अलास्का

423. यूरोप आल्पस उत्तरी अमेरिका में टॉकीज तथा दक्षिण अमेरिका में एण्डीज किसके उदाहरण हैं?

(a) वनित पर्वत

(b) ब्लॉक पर्वत

(c) विच्छेदित पर्वत

(d) ज्वालामुखी पर्वत

424. पेले के बाल (Pales' Hair) का सम्बन्ध निम्नलिखित में से किस प्रकार के ज्वालामुखी से है?

(a) टिलनियन तुल्य

(b) पीलियन तुल्य

(c) स्ट्राम्बोली तुल्य

(d) हवाई तुल्य

425. 'कोटोपैक्सी' कहाँ स्थित है?

(a) इक्वाडोर

(b) जापान

(c) दक्षिण अफ्रीका

(d) कनाडा

426. पृथ्वी की सतह के नीचे द्रवीभूत शैल कहलाता है–

(a) बैसाल्ट (b) लेकोलिप

(c) लावा (d) मैग्मा

427. एल मिस्ती (El-Misti) ज्वालामुखी किस देश में है?

(a) इटली (b) चिली

(c) पेरू (d) कोलम्बिया

428. ज्वालामुखी के उद्गार के समय निकलने वाली गैस में जलवाष्प की मात्रा कितनी होती है?

(a) 40–50% (b) 50–60%

(c) 60–70% (d) 80–90%

429. पर्वत निर्माणक भूसन्नति सिद्धान्त का प्रतिपादन किसने किया है?

(a) जेफ्रीज (b) होम्स

(c) डेली (d) कोबर

430. सुमेलित कीजिए–

सूची-I	सूची-II
A. अर्जेण्टीना	1. किलिमंजारी
B. इक्वेडोर	2. एकांकागुआ
C. तंजानिया	3. माउण्ट मेकिन्ले
D. सं०रा०अ०	4. थिम्बराजो

कूट :	A	B	C	D
(a)	3	1	4	2
(b)	2	4	1	3
(c)	1	3	2	4
(d)	4	2	3	1

431. निम्न में से कौन भ्रंशोल्थ पर्वत (Block Mountain) है?

(a) वॉस्जेस (b) ब्लैक फॉरेस्ट

(c) सियल नेवादा (d) इनमें से सभी

432. कार्स्ट मैदानों में यत्र-तत्र स्थित अवशिष्ट टीलों को क्या कहा जाता है?

(a) मोनोडनॉक

(b) इन्सेलबर्ग

(c) ह्यूम्स

(d) इनमें से कोई नहीं

433. वायुमण्डल में सर्वाधिक स्थायी तत्त्व है–

(a) नाइट्रोजन

(b) ऑक्सीजन

(c) कार्बन डाइऑक्साइड

(d) जलवाष्प

434. निम्नलिखित में से किस मण्डल को संवहन मण्डल भी कहा जाता है?

(a) क्षोभ मण्डल

(b) समताप मण्डल

(c) आयन मण्डल

(d) मध्य मण्डल

435. किस ऋतु में क्षोभ मण्डल की ऊँचाई में वृद्धि हो जाती है?

(a) शीत ऋतु

(b) ग्रीष्म ऋतु

(c) वर्षा ऋतु

(d) इनमें से कोई नहीं

436. वायुमण्डल में सर्वाधिक मात्रा में विद्यमान अक्रिय गैस कौन-सी है?

(a) ऑर्गन (b) क्रिप्टॉन

(c) हीलियम (d) नियॉन

437. डोलड्रम पेटी का विस्तार सामान्यत: पाया जाता है–

(a) 0°–5° उत्तर

(b) 0°–5° दक्षिण

(c) 0°–10° उत्तर

(d) 5°N–5° दक्षिण

438. शांत पेटी किस रेखा के दोनों ओर पायी जाती है?

(a) भूमध्य रेखा (b) कर्क रेखा

(c) मकर रेखा (d) आर्कटिक वृत्त

439. वायुमण्डल के किस परत को रसायन मण्डल कहते हैं?

(a) मध्य मण्डल (b) आयन मण्डल

(c) क्षोभ मण्डल (d) ओजोन मण्डल

440. ओजोन परत अवस्थित है–

(a) क्षोभ मण्डल में

(b) क्षोभ सीमा में

(c) समताप मण्डल में

(d) प्रकाश मण्डल में

441. हवाई जहाज किस मण्डल में उड़ते हैं–
(a) क्षोभ मण्डल (b) समताप मण्डल
(c) मध्य मण्डल (d) बाह्य मण्डल

442. दीर्घ रेडियो तरंगें पृथ्वी की किस सतह से परावर्तित होती है?
(a) क्षोभ मण्डल (b) आयन मण्डल
(c) क्षोभ सीमा (d) समताप मण्डल

443. पृथ्वी के वायुमण्डल का सर्वाधिक घनत्व कहाँ पर होता है?
(a) क्षोभ मण्डल (b) समताप मण्डल
(c) मध्य मण्डल (d) आयन मण्डल

444. वायुमण्डल में दैनिक मौसम परिवर्तन निम्नलिखित में से किसके कारण होते हैं?
(a) क्षोभ मण्डल (b) मध्य मण्डल
(c) आयन मण्डल (d) समताप मण्डल

445. रेडियो की लघु तरंगें आयन मण्डल की किस परत से परावर्तित होकर धरातल पर आती है?
(a) D परत (b) E परत
(c) F परत (d) S परत

446. वायुमण्डल में सबसे अधिक ओजोन कहाँ पर केन्द्रित है?
(a) आयनोस्फीयर (b) मीसोस्फीयर
(c) स्ट्रेटोस्फीयर (d) ट्रोपोस्फीयर

447. वायुमण्डल की सबसे निचली परत कहलाती है–
(a) मध्य मण्डल (b) आयन मण्डल
(c) क्षोभ मण्डल (d) समताप मण्डल

448. पृथ्वी की सतह से सबसे दूर वायुमण्डलीय परत किस नाम से विदित है?
(a) आयन मण्डल
(b) बर्हिमण्डल
(c) समताप मण्डल
(d) क्षोभ मण्डल

449. ग्लोब पर दाब कटिबंधों की संख्या कितनी है?
(a) 5 (b) 6
(c) 7 (d) 9

450. उच्च दाब क्षेत्र से भूमध्य सागर की ओर चलने वाली पवनें होती हैं–
(a) पछुआ हवाएँ (b) व्यापारिक पवनें
(c) पूर्वी पवनें (d) समुद्री पवनें

451. उपोष्ण उच्च दाब से विषुवत रेखीय निम्न दाब की ओर चलने वाली पवनें क्या कहलाती हैं?
(a) व्यापारिक पवनें
(b) पछुआ पवनें
(c) ध्रुवीय पवनें
(d) गरजता चालीसा

452. चिनूक है एक–
(a) स्थानीय हवा (b) सनातनी हवा
(c) स्थायी हवा (d) समुद्री जलधारा

453. निम्न में से कौन ठंडी स्थानीय हवा है?
(a) मिस्ट्रल (b) बोरा
(c) पैम्पीरो (d) उपर्युक्त सभी

454. सुमेलित कीजिए–

सूची-I (स्थानीय हवा)	**सूची-II (देश)**
A. चिनूक	1. सं०रा०अ०
B. सिरॉको	2. ऑस्ट्रेलिया
C. ब्रिक फील्डर	3. फ्रांस
D. मिस्ट्रल	4. इटली

कूट :	**A**	**B**	**C**	**D**
(a)	1	4	2	3
(b)	1	4	3	2
(c)	4	1	2	3
(d)	4	1	3	2

455. 'रक्त वर्षा' किस स्थानीय वायु का नाम है?

(a) सिमूम (b) सामून

(c) सिरॉको (d) शामल

456. कौन-सी स्थानीय पवन को डॉक्टर वायु भी कहा जाता है?

(a) फॉन (b) चिनूक

(c) हरमट्टन (d) सिरॉको

457. सुमेलित कीजिए–

सूची-I (स्थानीय पवन)	सूची-II (देश)
A. खामसिन	1. मिस्र
B. पिली	2. ट्यूनीशिया
C. गिबली	3. लीबिया
D. लेवेच	4. स्पेन

कूट :	A	B	C	D
(a)	1	2	3	4
(b)	2	1	3	4
(c)	1	2	4	3
(d)	4	2	3	1

458. विश्व में वार्षिक वर्षा का औसत कितना है?

(a) 70 सेमी० (b) 100 सेमी०

(c) 130 सेमी० (d) 160 सेमी०

459. विश्व में सर्वाधिक वर्षा वाला स्थान है–

(a) टी यूनियन द्वीप (b) अमेजन घाटी

(c) मासिनराम (d) चेरापूँजी

460. विश्व का सर्वाधिक शुष्क स्थल कौन है?

(a) पेटागोनिया (b) सहारा

(c) अटाकामा (d) थार

461. रेगिस्तान में बादल अवक्षेप होकर क्यों नहीं बरसते?

(a) हवा की द्रुतगति

(b) कम दबाव

(c) कम तापमान

(d) कम आर्द्रता

462. कृत्रिम वर्षा में निम्नलिखित में से किसका प्रयोग किया जाता है?

(a) सोडियम कार्बोनेट

(b) सोडियम पायोसल्फेट

(c) सिल्वर आयोडाइड

(d) सोडियम हाइड्रॉक्साइड

463. संसार की अधिकांश वर्षा निम्न में से किस रूप में होती है?

(a) संवहनीय वर्षा

(b) पर्वतीय वर्षा

(c) चक्रवातीय वर्षा

(d) मानसूनी वर्षा

464. निम्नलिखित में से किस क्षेत्र में वर्ष भर वर्षा होती है?

(a) टुण्ड्रा (b) मानसूनी

(c) भूमध्यसागरीय (d) भूमध्य रेखीय

465. विषुवतीय प्रदेश में सामान्यतः कौन-सा मेघ देखने को मिलता है?

(a) पक्षाभ (b) कपासी वर्षा

(c) पक्षाभ स्तरी (d) स्तरी

466. रेशेदार दिखाई देने वाले मेघ को क्या कहते हैं?

(a) कपासी (b) स्तरी

(c) पक्षाभ (d) स्तरी मध्य मेघ

467. कौन-सा मेघ वायुमण्डल में सर्वाधिक ऊँचाई पर निर्मित होता है?

(a) पक्षाभ मेघ

(b) स्तरी मेघ

(c) कपासी मध्य मेघ
(d) वर्षा स्तरी की मेघ

468. निम्नलिखित में से किस मेघ का शीर्ष 'गोभी के फूल' के समान प्रतीत होता है?
(a) स्तरी मेघ (b) पक्षाभ मेघ
(c) कपासी मेघ (d) वर्षा स्तरी मेघ

469. निम्नलिलिखत में से किस मेघ को 'मोती की माता' कहा जाता है?
(a) पक्षाभ मेघ (b) कपासी मेघ
(c) स्तरी मेघ (d) वर्षा स्तरी मेघ

470. जाड़े में वर्षा किस क्षेत्र में होती है?
(a) टुण्ड्रा (b) मानसूनी
(c) भूमध्य सागरीय (d) भूमध्य रेखीय

471. समान वर्षा की मात्रा वाले स्थानों को मिलाने वाली रेखा को क्या कहा जाता है?
(a) आइसोबाथ (b) आइसोहाइट
(c) आइसोटाइम (d) आइसोनेफ

472. सुमेलित कीजिए–

सूची-I (झील)	सूची-II (देश)
A. लैडोगा	1. कनाडा
B. ग्रेट बीयर	2. रूस
C. टिटिकाका	3. बोलीविया
D. आयर	4. ऑस्ट्रेलिया

कूट :	A	B	C	D
(a)	2	1	3	4
(b)	1	2	3	4
(c)	3	1	2	4
(d)	4	1	2	3

473. कौन-सा देश अंगुलीनुमा झीलों के लिए प्रसिद्ध है?
(a) नार्वे (b) स्वीडेन
(c) फिनेलैंड (d) आइसलैंड

474. पृथ्वी पर सबसे गहरा स्थल है?
(a) कैस्पियन सागर (b) काला सागर
(c) मृत सागर (d) एपियन सागर

475. नियाग्रा प्रपात्र है–
(a) यू०के० में (b) अफ्रीका में
(c) ऑस्ट्रेलिया में (d) यू०एस०ए० में

476. स्टेनली जलप्रपात किस नदी पर स्थित है?
(a) अमेजन (b) कांगो
(c) नील (d) कोरोनी

477. सुमेलित कीजिए–

सूची-I (जलप्रपात)	सूची-II (सम्बन्धित नदी)
A. एंजिल जलप्रपात	1. जेम्बेजी
B. बीयोमा जलप्रपात	2. कांगो
C. स्टेनली	3. कोरोनी
D. विक्टोरिया	4. जैरे

कूट :	A	B	C	D
(a)	1	2	3	4
(b)	2	1	3	4
(c)	3	4	1	2
(d)	3	4	2	1

478. विश्व का सबसे ऊँचा जलप्रपात है–
(a) बोयोमा (b) स्टेनली
(c) एंजिल (d) नियाग्रा

479. विक्टोरिया जलप्रपात किस नदी से सम्बन्धित है?
(a) अमेजन (b) मिसौरी
(c) सेन्ट लॉरेंस (d) जेम्बेजी

480. विश्व की सबसे बड़ी जहाजरानी नहर है–

(a) पनामा नहर (b) स्वेज नहर

(c) कील नहर (d) सू नहर

481. स्वेज नहर कब बनकर तैयार हुई?

(a) 1854 ई० (b) 1869 ई०

(c) 1082 ई० (d) 1881 ई०

482. स्वेज नहर की लम्बाई कितनी है?

(a) 64.8 किमी० (b) 160.5 किमी०

(c) 164 किमी० (d) 168 किमी०

483. कौन-सी नहर बाल्टिक सागर को उत्तरी सागर से मिलाती है?

(a) स्वेज (b) पनामा

(c) कील (d) सू

484. सू-नहर किसको जोड़ती है?

(a) सुपीरियर को मिशीगन से

(b) सुपीरियर को ह्यूरन से

(c) मिशीगन को ह्यूरन से

(d) इरी को ह्यूरन से

485. किस महाद्धीप को 'महाद्वीपों का महाद्वीप' कहा जाता है?

(a) एशिया (b) यूरोप

(c) अफ्रीका (d) अंटार्कटिका

486. 'श्वेत महाद्वीप' किस महाद्वीप का नाम है?

(a) यूरोप (b) अफ्रीका

(c) ऑस्ट्रेलिया (d) अंटार्कटिका

487. 'प्रायद्वीपीय महाद्वीप' किस महाद्धीप को कहते हैं?

(a) एशिया (b) यूरोप

(c) ऑस्ट्रेलिया (d) अफ्रीका

488. 'पक्षियों का महाद्वीप' से कौन महाद्वीप जाना जाता है?

(a) उत्तर अमेरिका (b) दक्षिण अमेरिका

(c) ऑस्ट्रेलिया (d) अंटार्कटिका

489. अफ्रीका महाद्वीप का सर्वोच्च पर्वत शिखर है–

(a) माउण्ट मैकिन्ले

(b) एकांकागुआ

(c) किलिमंजारो

(d) विन्सन मैसिक

490. दक्षिण अमेरिका का सर्वोच्च पर्वत शिखर है–

(a) माउण्ट मैकिन्ले

(b) एकांकागुआ

(c) एल्ब्रुश

(d) कोस्यूस्को

491. यूरोप महाद्वीप का सर्वोच्च पर्वत शिखर है–

(a) माउण्ट कोस्यूस्को

(b) माउण्ट विन्सन मैसिक

(c) माउण्ट एल्ब्रुश

(d) विन्सन मैसिक

492. 'पठारी महाद्वीप' किस महाद्वीप को कहते हैं?

(a) ऑस्ट्रेलिया (b) एशिया

(c) यूरोप (d) अफ्रीका

493. सर्वाधिक मैदानों का विस्तार किस महाद्वीप में है?

(a) एशिया (b) यूरोप

(c) उत्तर अमेरिका (d) अफ्रीका

494. अफ्रीका की सबसे बड़ी झील है–

(a) मलावी (b) विक्टोरिया

(c) चाड (d) टाना

495. यूरोप की सबसे बड़ी झील है?

(a) ओनेगा

(b) लैडोगा

(c) साइमा काम्पलेक्स

(d) विक्टोरिया

496. उत्तरी अमेरिका की सबसे बड़ी झील है—
   (a) सुपीरियर झील (b) ह्यूरन झील
   (c) मिशिगन झील (d) ग्रेट बियर झील

497. ऑस्ट्रेलिया महाद्वीप की सबसे बड़ी झील है—
   (a) आयर (b) विक्टोरिया
   (c) वार्ली (d) मैके झील

498. अंटार्कटिका महाद्वीप का सर्वोच्च पर्वत शिखर है—
   (a) एल्ब्रुश (b) मैकिन्ले
   (c) एकांकागुआ (d) विन्सन मैसिफ

499. जापान का सबसे बड़ा द्वीप है—
   (a) होत्शू (b) शिकोकू
   (c) होकाइडो (d) क्यूशू

500. साबाह एवं सारावाक किस देश के भाग हैं?
   (a) मलेशिया (b) इण्डोनेशिया
   (c) ब्रुनेई (d) कम्बोडिया

1. (d)	2. (d)	3. (b)	4. (c)	5. (d)	6. (c)	7. (a)
8. (b)	9. (b)	10. (d)	11. (c)	12. (d)	13. (a)	14. (a)
15. (b)	16. (b)	17. (c)	18. (b)	19. (b)	20. (c)	21. (a)
22. (b)	23. (a)	24. (c)	25. (a)	26. (a)	27. (d)	28. (c)
29. (b)	30. (b)	31. (a)	32. (b)	33. (a)	34. (c)	35. (a)
36. (b)	37. (a)	38. (c)	39. (b)	40. (d)	41. (b)	42. (c)
43. (a)	44. (b)	45. (c)	46. (a)	47. (c)	48. (a)	49. (b)
50. (a)	51. (b)	52. (b)	53. (a)	54. (d)	55. (d)	56. (d)
57. (c)	58. (c)	59. (b)	60. (b)	61. (d)	62. (d)	63. (c)
64. (a)	65. (c)	66. (d)	67. (c)	68. (b)	69. (a)	70. (d)
71. (a)	72. (b)	73. (b	74. (b)	75. (a)	76. (d)	77. (a)
78. (c)	79. (b)	80. (c)	81. (a)	82. (c)	83. (b)	84. (b)
85. (b)	86. (c)	87. (c)	88. (b)	89. (b)	90. (a)	91. (a)
92. (b)	93. (a)	94. (b)	95. (a)	96. (d)	97. (d)	98. (b)
99. (b)	100. (d)	101. (d)	102. (d)	103. (b)	104. (a)	105. (a)
106. (a)	107. (c)	108. (b)	109. (c)	110. (b)	111. (a)	112. (b)
113. (c)	114. (b)	115. (c)	116. (c)	117. (b)	118. (d)	119 (c)
120. (a)	121. (b)	122. (b)	123. (b)	124. (b)	125. (d)	126. (a)
127. (b)	128. (b)	129. (a)	130. (b)	131. (a)	132. (c)	133. (d)
134. (b)	135. (a)	136. (b)	137. (b)	138. (d)	139. (d)	140. (c)
141. (c)	142. (c)	143. (c)	144. (c)	145. (b)	146. (d)	147. (c)
148. (b)	149. (c)	150. (a)	151. (b)	152. (a)	153. (c)	154. (b)
155. (a)	156. (b)	157. (c)	158. (b)	159. (c)	160. (a)	161. (a)
162. (a)	163. (a)	164. (a)	165. (b)	166. (b)	167. (b)	168. (b)
169. (a)	170. (d)	171. (a)	172. (d)	173. (b)	174. (d)	175. (b)
176. (c)	177. (b)	178. (b)	179. (d)	180. (b)	181. (c)	182. (a)
183. (b)	184. (a)	185. (d)	186. (d)	187. (c)	188. (a)	189. (c)
190. (d)	191. (b)	192. (a)	193. (d)	194. (c)	195. (b)	196. (b)
197. (a)	198. (a)	199. (a)	200. (d)	201. (d)	202. (d)	203. (d)
204. (d)	205. (a)	206. (b)	207. (b)	208. (d)	209. (b)	210. (c)
211. (d)	212. (a)	213. (b)	214. (c)	215. (b)	216. (d)	217. (d)
218. (b)	219. (d)	220. (b)	221. (d)	222. (b)	223. (b)	224. (c)

225. (c)	226. (b)	227. (b)	228. (a)	229. (d)	230. (b)	231. (d)
232. (b)	233. (a)	234. (a)	235. (c)	236. (b)	237. (c)	238. (b)
239. (d)	240. (a)	241. (d)	242. (b)	243. (d)	244. (a)	245. (b)
246. (a)	247. (c)	248. (c)	249. (c)	250. (c)	251. (c)	252. (b)
253. (d)	254. (c)	255. (b)	256. (b)	257. (b)	258. (c)	259. (b)
260. (b)	261. (d)	262. (b)	263. (d)	264. (d)	265. (b)	266. (c)
267. (a)	268. (b)	269. (d)	270. (b)	271. (c)	272. (c)	273. (b)
274. (b)	275. (a)	276. (c)	277. (b)	278. (b)	279. (d)	280. (a)
281. (c)	282. (c)	283. (a)	284. (d)	285. (b)	286. (b)	287. (d)
288. (d)	289. (c)	290. (d)	291. (b)	292. (c)	293. (d)	294. (a)
295. (d)	296. (b)	297. (d)	298. (b)	299 (d)	300. (c)	301. (c)
302. (d)	303. (b)	304. (a)	305. (b)	306. (b)	307. (b)	308. (a)
309. (a)	310. (c)	311. (a)	312. (b)	313. (d)	314. (d)	315. (a)
316. (b)	317. (c)	318. (b)	319. (c)	320. (b)	321. (d)	322. (c)
323. (d)	324. (b)	325. (b)	326. (a)	327. (c)	328. (a)	329. (b)
330. (d)	331. (c)	332. (a)	333. (b)	334. (a)	335. (b)	336. (d)
337. (c)	338. (c)	339. (d)	340. (c)	341. (d)	342. (b)	343. (d)
344. (a)	345. (d)	346. (a)	347. (c)	348. (a)	349. (d)	350. (b)
351. (d)	352. (b)	353. (d)	354. (c)	355. (d)	356. (a)	357. (a)
358. (b)	359. (c)	360. (d)	361. (a)	362. (a)	363. (d)	364. (a)
365. (b)	366. (c)	367. (b)	368. (d)	369. (b)	370. (b)	371. (a)
372. (d)	373. (c)	374. (b)	375. (a)	376. (a)	377. (a)	378. (a)
379. (d)	380. (c)	381. (c)	382. (d)	383. (a)	384. (c)	385. (b)
386. (a)	387. (c)	388. (d)	389. (b)	390. (c)	391. (d)	392. (a)
393. (b)	394. (d)	395. (a)	396. (a)	397. (c)	398. (b)	399. (b)
400. (c)	401. (a)	402. (b)	403. (b)	404. (c)	405. (a)	406. (d)
407. (a)	408. (d)	409. (a)	410. (b)	411. (a)	412. (a)	413. (b)
414. (d)	415. (a)	416. (b)	417. (a)	418. (b)	419. (d)	420. (c)
421. (b)	422. (c)	423. (a)	424. (c)	425. (b)	426. (c)	427. (c)
428. (a)	429. (b)	430. (c)	431. (a)	432. (d)	433. (a)	434. (b)
435. (a)	436. (b)	437. (d)	438. (c)	439. (a)	440. (c)	441. (a)
442. (c)	443. (b)	444. (a)	445. (d)	446. (c)	447. (a)	448. (b)
449. (a)	450. (a)	451. (d)	452. (a)	453. (d)	454. (c)	455. (c)
456. (b)	457. (b)	458. (b)	459. (d)	460. (b)	461. (d)	462. (d)

463. (a)	**464.** (d)	**465.** (c)	**466.** (c)	**467.** (b)	**468.** (b)	**469.** (b)
470. (c)	**471.** (d)	**472.** (a)	**473.** (c)	**474.** (d)	**475.** (b)	**476.** (c)
477. (c)	**478.** (d)	**479.** (a)	**480.** (b)	**481.** (b)	**482.** (a)	**483.** (d)
484. (c)	**485.** (c)	**486.** (d)	**487.** (c)	**488.** (b)	**489.** (b)	**490.** (c)
491. (d)	**492.** (c)	**493.** (c)	**494.** (b)	**495.** (c)	**496.** (d)	**497.** (b)
498. (d)	**499.** (a)	**500.** (b)				

1. (a)	2. (c)	3. (c)	4. (b)	5. (a)	6. (c)	7. (b)
8. (b)	9. (b)	10. (c)	11. (c)	12. (c)	13. (a)	14. (b)
15. (c)	16. (b)	17. (a)	18. (a)	19. (a)	20. (b)	21. (b)
22. (b)	23. (d)	24. (a)	25. (c)	26. (c)	27. (d)	28. (d)
29. (b)	30. (c)	31. (b)	32. (a)	33. (b)	34. (a)	35. (b)
36. (c)	37. (c)	38. (a)	39. (d)	40. (b)	41. (a)	42. (d)
43. (b)	44. (b)	45. (d)	46. (d)	47. (c)	48. (c)	49. (c)
50. (c)	51. (a)	52. (a)	53. (b)	54. (c)	55. (d)	56. (c)
57. (a)	58. (a)	59. (d)	60. (c)	61. (b)	62. (c)	63. (c)
64. (b)	65. (c)	66. (d)	67. (b)	68. (d)	69. (b)	70. (b)
71. (c)	72. (d)	73. (c)	74. (b)	75. (c)	76. (b)	77. (c)
78. (c)	79. (d)	80. (c)	81. (b)	82. (b)	83. (a)	84. (c)
85. (c)	86. (b)	87. (d)	88. (a)	89. (b)	90. (c)	91. (d)
92. (d)	93. (b)	94. (a)	95. (c)	96. (b)	97. (c)	98. (b)
99. (d)	100. (a)	101. (c)	102. (c)	103. (b)	104. (b)	105. (a)
106. (c)	107. (b)	108. (a)	109. (d)	110. (a)	111. (a)	112. (b)
113. (b)	114. (c)	115. (b)	116. (b)	117. (a)	118. (b)	119 (a)
120. (b)	121. (b)	122. (c)	123. (d)	124. (d)	125. (a)	126. (c)
127. (a)	128. (c)	129. (d)	130. (a)	131. (b)	132. (c)	133. (d)
134. (d)	135. (b)	136. (d)	137. (a)	138. (b)	139. (c)	140. (c)
141. (c)	142. (a)	143. (a)	144. (b)	145. (c)	146. (c)	147. (b)
148. (b)	149. (d)	150. (d)	151. (b)	152. (b)	153. (a)	154. (b)
155. (c)	156. (a)	157. (c)	158. (b)	159. (a)	160. (a)	161. (a)
162. (c)	163. (b)	164. (c)	165. (b)	166. (c)	167. (d)	168. (d)
169. (c)	170. (d)	171. (b)	172. (d)	173. (c)	174. (a)	175. (b)
176. (b)	177. (b)	178. (a)	179. (a)	180. (b)	181. (b)	182. (c)
183. (a)	184. (c)	185. (b)	186. (b)	187. (a)	188. (b)	189. (a)
190. (a)	191. (a)	192. (c)	193. (c)	194. (c)	195. (a)	196. (d)
197. (a)	198. (a)	199. (b)	200. (d)	201. (c)	202. (a)	203. (c)
204. (a)	205. (a)	206. (c)	207. (c)	208. (c)	209. (b)	210. (a)
211. (a)	212. (c)	213. (a)	214. (b)	215. (d)	216. (c)	217. (d)
218. (d)	219. (c)	220. (c)	221. (a)	222. (c)	223. (b)	224. (c)

225. (c)	226. (b)	227. (d)	228. (b)	229. (b)	230. (b)	231. (b)
232. (c)	233. (a)	234. (c)	235. (d)	236. (a)	237. (c)	238. (a)
239. (b)	240. (a)	241. (b)	242. (d)	243. (c)	244. (c)	245. (b)
246. (d)	247. (c)	248. (c)	249. (a)	250. (b)	251. (b)	252. (d)
253. (c)	254. (b)	255. (a)	256. (b)	257. (c)	258. (a)	259. (c)
260. (a)	261. (c)	262. (a)	263. (a)	264. (c)	265. (b)	266. (c)
267. (a)	268. (d)	269. (b)	270. (a)	271. (c)	272. (a)	273. (d)
274. (d)	275. (c)	276. (b)	277. (d)	278. (c)	279. (b)	280. (a)
281. (a)	282. (c)	283. (c)	284. (b)	285. (d)	286. (c)	287. (b)
288. (d)	289. (b)	290. (a)	291. (d)	292. (b)	293. (c)	294. (c)
295. (c)	296. (a)	297. (c)	298. (a)	299 (d)	300. (c)	301. (a)
302. (a)	303. (a)	304. (c)	305. (c)	306. (d)	307. (a)	308. (d)
309. (d)	310. (d)	311. (c)	312. (b)	313. (a)	314. (d)	315. (b)
316. (c)	317. (a)	318. (c)	319. (a)	320. (a)	321. (b)	322. (a)
323. (b)	324. (a)	325. (b)	326. (c)	327. (d)	328. (b)	329. (d)
330. (a)	331. (b)	332. (b)	333. (a)	334. (a)	335. (b)	336. (b)
337. (a)	338. (c)	339. (c)	340. (a)	341. (b)	342. (d)	343. (c)
344. (a)	345. (d)	346. (a)	347. (d)	348. (a)	349. (c)	350. (a)
351. (d)	352. (a)	353. (c)	354. (d)	355. (d	356. (a)	357. (c)
358. (a)	359. (b)	360. (a)	361. (c)	362. (b)	363. (c)	364. (d)
365. (b)	366. (c)	367. (b)	368. (a)	369. (a)	370. (b)	371. (b)
372. (d)	373. (c)	374. (b)	375. (c)	376. (b)	377. (a)	378. (b)
379. (d)	380. (a)	381. (c)	382. (b)	383. (a)	384. (b)	385. (a)
386. (d)	387. (d)	388. (a)	389. (b)	390. (c)	391. (d)	392. (b)
393. (c)	394. (d)	395. (c)	396. (b)	397. (a)	398. (d)	399. (b)
400. (a)	401. (b)	402. (d)	403. (b)	404. (a)	405. (a)	406. (b)
407. (a)	408. (d)	409. (a)	410. (d)	411. (a)	412. (c)	413. (b)
414. (a)	415. (d)	416. (c)	417. (d)	418. (c)	419. (b)	420. (d)
421. (b)	422. (b)	423. (a)	424. (d)	425. (a)	426. (d)	427. (c)
428. (d)	429. (d)	430. (b)	431. (d)	432. (c)	433. (d)	434. (a)
435. (b)	436. (a)	437. (d)	438. (a)	439. (a)	440. (c)	441. (b)
442. (b)	443. (a)	444. (a)	445. (c)	446. (c)	447. (c)	448. (b)
449. (c)	450. (b)	451. (a)	452. (a)	453. (d)	454. (a)	455. (c)
456. (c)	457. (a)	458. (b)	459. (c)	460. (c)	461. (d)	462. (c)

463. (b)	464. (d)	465. (b)	466. (c)	467. (a)	468. (c)	469. (a)
470. (c)	471. (b)	472. (a)	473. (c)	474. (c)	475. (d)	476. (b)
477. (d)	478. (c)	479. (d)	480. (b)	481. (b)	482. (d)	483. (c)
484. (c)	485. (a)	486. (d)	487. (b)	488. (b)	489. (c)	490. (b)
491. (c)	492. (d)	493. (b)	494. (b)	495. (b)	496. (a)	497. (a)
498. (d)	499. (a)	500. (a)				

www.ingramcontent.com/pod-product-compliance
Lightning Source LLC
Chambersburg PA
CBHW070905280326
41934CB00008B/1592
* 9 7 8 9 3 5 7 9 4 1 6 6 2 *